卓越学术文库

我国民办高等教育投资评价及风险管理研究

WOGUO MINBAN GAODENG JIAOYU TOUZI PINGJIA JI FENGXIAN GUANLI YANJIU

河南省高等学校哲学社会科学优秀著作资助项目

杨德岭 著

郑州大学出版社

郑 州

图书在版编目(CIP)数据

我国民办高等教育投资评价及风险管理研究/杨德岭著.—郑州：郑州大学出版社,2019.9

（卓越学术文库）

ISBN 978-7-5645-6369-1

Ⅰ.①我… Ⅱ.①杨… Ⅲ.①民办高校-教育投资-投资评价-研究-中国②民办高校-教育投资-风险管理-研究-中国 Ⅳ.①G648.7

中国版本图书馆 CIP 数据核字（2019）第 092421 号

郑州大学出版社出版发行
郑州市大学路 40 号　　　　　　　邮政编码:450052
出版人:孙保营　　　　　　　　　发行电话:0371-66966070
全国新华书店经销
新乡市豫北印务有限公司印制
开本:710 mm×1 010 mm　1/16
印张:11
字数:213 千字
版次:2019 年 9 月第 1 版　　　　印次:2019 年 9 月第 1 次印刷

书号:ISBN 978-7-5645-6369-1　　　定价:59.00 元

本书如有印装质量问题,请向本社调换

序

我国民办高校艰难起步后一直在快速发展,关于民办高校投资收益回报、投资风险防控和可持续发展的问题,成为社会、政府关注的焦点和亟待解决的突出问题。如何测度投资合理回报、提高办学的投资效益、增强风险的防控能力、实现其可持续发展是一个新课题,杨德岭同志所著的《中国民办高等教育投资评价及风险管理研究》,比较深入、系统地研究、论证了这些问题,具有较高的学术价值和应用价值。应当说,与研究民办高校投资问题的同类著作相比较,呈现在读者面前的这部论著独具特色,必将对读者开展相关研究有所助益。

首先,这部论著具有较高的学术价值。这突出表现在其具有创新性和系统性上。目前,社会和教育管理部门对民办高等教育投资收益率评估和收益率测度的依据尚不充分,对民办高等教育投资风险的研究缺乏定量的精确评价,对相应预警机制的构建研究也比较缺乏。本论著综合运用教育经济学、投资学、风险管理学和现代管理科学中的理论与方法,对中国民办高校投资与风险管理进行了系统的研究;运用灰色系统理论与方法等最新成果,构建了投资效益测度模型、投资风险评估模型和投资风险预警模型,并通过实证分析,检验了模型的有效性;运用矩阵关联分析法建立的投资效益测度模型,为科学评估民办高校投资效益提供了方法支撑。论著开拓性地构建了基于灰色三角白化权的民办高校投资风险评估模型,克服了传统多指标评价模型的综合评价结果客观分类的不足,为民办高校投资风险量化评估提供了新视角;开创性地设计出基于功效系数法的投资风险预警模型,不但能够测度民办高校投资风险的警度,而且能够对民办高等教育投资风险的警情做出判断,为民办高等教育预警提供了有效的方法支撑,为防范民办高校的投资风险提供了有效的理论参考。因此,该论著是创新性研究。

该论著的系统性表现在以管理科学的方法理论、需求双方的相互作用理论及高等教育发展路径的相关理论为研究工具,以市场供求、投资风险作为分析视角,在吸收我国民办高等教育投资与管理相关研究成果的基础上,运用管理科学的新方法、新技术，结合相关的数据和材料，从理论和实证两个角度，全面系统地对高等教育收益理论和高等教育成本分担理论以及民办高校投资相关理论、投资合理回报、投资风险、投资风险预警、投资风险防控、投资对策建议等问题进行分析研究，取得了一系列有价值的研究成果与结论，为中国民办高等教育投资与风险管理提供有益的参考，丰富了民办高校投资风险评估与管理的理论方法体系。

其次，该论著的应用价值更加突出。民办高校虽然取得了超常规发展，但是，受宏观经济环境、投资政策环境、生源情况、投资诉求、投资主体、分类管理、投资模式、投资回报、风险防控等因素的影响，民办高校尚未建立多元化的融资渠道，存在办学资金来源渠道单一、财政政策支持不够、银行贷款困难、结构性供求矛盾突出、区域发展不平衡等问题。正是由于这些问题的存在，民办高校如何分类管理、如何加大财政政策支持力度、如何加强分类管理、确定投资合理回报及如何规避投资风险成为必须解决的关键问题。基于此，探讨从法律制度、政策层面上，真正做到鼓励、支持、引导和管理相结合，促进民办教育事业的健康发展，维护民办高校和受教育者的合法权益成为当务之急。该论著在构建投资效益测度模型、投资风险评估模型和投资风险预警模型，以及依据投资环境和投资收益的变化趋势进行预测的基础上，提出的民办高等教育投资对策等，针对性强，无论在理论上还是在实践上都具有可操作性，为民办高校投资收益测度、投资风险评价和投资风险度量，乃至对民办高等教育投资管理和投资风险预警研究提供了多样化的测量工具和技术支撑。如果实际运用，不仅有利于完善民办高校投资活动，保障民办高校健康发展，而且能够促进国家民办教育促进法的落实。

在这里，我希望今后有更多的学者投身民办高校投资相关问题的研究，使该领域研究成果更加丰富、更加完善。该论著在体系设计、量化模型、政策建议等方面难免有研究不够全面、不够深入的地方，关于民办高等教育投资与风险管理的国际比较研究、投资运行过程中的风险防控机制研究以及投资办学的地域性差异研究，还有待深入。

总之，杨德岭同志的这部著作，是他当前学术水平的重要体现，是一本值得一读的好书。作为他的博士生导师，看到他在学术上能够不断取得进步，我由衷地感到高兴，希望他能够在今后的学术道路上继续前行。愿作者与读者共勉，潜心勤奋钻研，取得更加丰硕的学术成果。

陈万明

2018 年 10 月 16 日

自 序

经过 30 多年的发展,我国的民办高等教育办学层次和办学水平不断提高,数量不断扩大,取得了举世瞩目的成绩,民办高等教育由我国高等教育的补充形式发展为重要的组成部分。在快速发展的过程中,我国民办高校也出现了投资回报测算、投资风险防控和可持续发展能力提升等不容忽视的问题。面对高等教育市场不断增大的竞争压力,如何提高我国民办高等教育的投资效益、增强其投资风险的防控能力、实现其可持续发展,成为摆在政府、民办高等教育举办者(管理者)和研究者面前亟须解决的一个重要问题。

通过对我国民办高等教育投资与风险管理的分析和探讨,能进一步丰富与完善我国民办高等教育投资与风险管理理论的应用,为我国民办高等教育投资决策与风险预警提供量化分析技术,为我国民办高等教育投资效益与投资风险管理水平的提高提供理论指导,进而为政府制定相关政策和民办高等教育投资者决策提供参考。主要成果和结论主要体现在以下几个方面:

首先,系统地分析了我国民办高等教育发展与投资现状,发掘出我国民办高等教育投资中存在的主要问题。分析结果表明:我国民办高等教育发展经历了"办学地位确立期→办学空间伸缩期→高速发展期→全面调整期"等阶段,并呈现出"办学规模不断扩大、办学模式日益丰富、办学层次不断拓展、办学质量不断提高"的发展特征。与发达国家相比,我国民办高校尚未建立多元化的融资渠道,办学资金来源渠道单一,办学资金主要依靠学杂费收入;我国政府对民办高校的财政投入远远低于发达国家;同时,我国民办高校面临学费上涨空间有限、银行贷款困难、结构性供求矛盾突出、区域发展不平衡等问题。

其次,建立了我国民办高等教育投资效益测度模型及投资效益评价体系。本研究在分析民办高等教育成本与收益构成的基础上,以教育内部收益率和项目投资收益率核算方法为基础,基于投资者的视角,建立了两阶段民办高等教育投资效益动态测算模型,并在该模型的基础上,提出了民办高等教育投资收益区间的确定方法,并具体地测算出投资收益合理回报区间,为民办高等教育投资决策提供了参考依据。该模型克服了传统的收益率计算未体现收益与成本的时间价值的弊端,使得民办高校投资收益率测度结果更加科学合理,为我国民办高等教育投资收益测算提供了新方法。继而构建了我国民办高等教育投资收益评估指标体系,并建立了基于矩阵关联分析法的民办高校投资效益动态评估模型,通过实证分析检验了模型的有效性,为进一步全面量化评估我国民办高等教育收益提供了技术支撑。

再次,构建了民办高等教育投资风险评估模型与风险预警系统。在投资风险成因分析的基础上,根据民办高校投资风险评估的目标与特点,结合灰色聚类评价的要素,利用灰色三角白化权评价思想,开拓性地构建了适合民办高校投资风险的评价模型,并通过实证分析检验了该模型的有效性。该模型可以实现对民办高校投资风险进行分类,为我国民办高等教育投资风险评估提供了新方法;开创性地设计出我国民办高校投资风险预警系统,为民办高校投资风险警度度量提供技术支撑,对民办高等教育投资风险预警研究进行了有益的探索。本研究所构建的基于灰色三角白化权的民办高校投资风险评估模型是进行民办高校投资风险评估的有效方法,可以实现对民办高校投资风险的全面评估,而基于功效系数法的民办高校投资风险预警模型是民办高校投资风险预警的有效方法,可以实现对民办高校投资风险进行事前预警,为防范民办高校的投资风险提供帮助,为投资风险预警提供参考,为民办高等教育投资管理和投资风险预警研究提供了多样化的工具。

最后,对我国民办高等教育投资环境和投资收益的变化趋势进行了预测,并据此提出了相关政策建议。预测结果表明:"十三五"期间,从宏观经济环境看,国家将为民办高等教育的持续、健康发展提供良好的外部经济环境。从投资政策环境看,我国将重点推进民办高等教育的法人制度、办学自主权、税收优惠、财政资助、财务管理、师生权利保障等方面的政策和法规建设,将进一步完善民办高等教育的政策与法规体系。从民办高校生源情况看,虽然面临人口出生率下降因素的影响,但随着高中阶段教育的普及、高等学校毛入学率的逐步提高和招生计划的持续增加,以及国家招生政策对民办高校的倾斜,我国民办高等教育的招生规模与在校生规模还将有适度的增大,"十三五"期间我国民办高校的生源相对充足,仍有较大的发展空间。从民办高等教育行业发展趋势看,民办高等教育发展多元化和依法办学将成为民办高校发展的趋势。从民办高校投资潜力看,我国民办高校投资收益率与"十二五"期间相比将有所提高,我国民办高校将进入规模效益与内涵提升并举阶段。民办高校发展将出现百舸争流、激烈竞争的局面。从提高投资效益与加强投资风险防控的角度，提出了适合我国民办高等教育发展趋势的投资对策。

杨德岭
2018 年 10 月 1 日

目录

1 绪论 ·· 1
  1.1 选题背景和问题提出 ··· 1
  1.2 研究意义 ·· 3
  1.3 研究目标 ·· 3
  1.4 研究内容 ·· 4
    1.4.1 研究思路 ··· 4
    1.4.2 主要研究内容与章节安排 ································ 4
  1.5 研究方法与技术路线 ··· 6
2 相关理论和国内外研究综述 ··· 8
  2.1 民办高等教育的内涵界定及行业属性 ························ 8
    2.1.1 民办高等教育的内涵界定 ································ 8
    2.1.2 民办高等教育的行业属性 ································ 9
  2.2 民办高等教育的投资属性 ······································ 11
    2.2.1 民办高等教育投资的概念与特点 ····················· 11
    2.2.2 民办高等教育投资营利的合理性分析 ··············· 12
    2.2.3 民办高等教育公益性与营利性的均衡 ··············· 15
  2.3 民办高等教育投资的相关理论 ······························· 17
    2.3.1 高等教育成本分担理论 ································· 17
    2.3.2 高等教育投资收益理论 ································· 19
  2.4 民办高等教育投资及风险研究现状 ························· 23
    2.4.1 国外相关研究状况 ······································· 23
    2.4.2 国内相关研究状况 ······································· 26
  2.5 国内外民办高等教育投资研究评述 ························· 29

3 我国民办高等教育发展与投资现状分析 ……………………… 32
3.1 我国民办高等教育发展历程和特征 …………………………… 32
3.1.1 我国民办高等教育发展历程 ……………………………… 32
3.1.2 我国民办高等教育发展特征 ……………………………… 34
3.2 我国民办高等教育投资模式及比较 …………………………… 38
3.2.1 我国民办高等教育投资发展的阶段 …………………… 38
3.2.2 我国民办高等教育投资的主要模式 …………………… 39
3.2.3 国外私立高等教育投资模式的比较 …………………… 42
3.3 我国民办高等教育投资主体动因分析 ………………………… 43
3.3.1 政府对民办高等教育投资目的分析 …………………… 43
3.3.2 民办高等教育办学者投资目的分析 …………………… 44
3.3.3 民办高等教育捐赠者投资目的分析 …………………… 45
3.3.4 家庭对民办高等教育的投资目的分析 ………………… 46
3.4 我国民办高等教育投资现状及存在的问题 …………………… 46
3.4.1 我国民办高等教育的投资规模分析 …………………… 46
3.4.2 我国民办高等教育的投资结构分析 …………………… 48
3.4.3 我国民办高校投资存在的问题 ………………………… 51

4 我国民办高等教育投资收益率测度及投资效益评价研究 …… 58
4.1 我国民办高等教育成本-收益分析 ……………………………… 58
4.1.1 我国民办高等教育的成本分析 ………………………… 58
4.1.2 我国民办高等教育的收益分析 ………………………… 60
4.2 我国民办高等教育投资收益率测度 …………………………… 62
4.2.1 我国民办高等教育的投资收益率测度方法 …………… 62
4.2.2 我国民办高等教育投资收益率的实例测算 …………… 64
4.3 我国民办高等教育投资效益评估指标体系的构建 …………… 66
4.3.1 我国民办高等教育投资效益评估指标体系的构建原则 … 66
4.3.2 我国民办高等教育投资效益评估指标的选择 ………… 69
4.3.3 我国民办高等教育投资效益评估指标权重的确定 …… 74
4.4 我国民办高等教育投资效益评估 ……………………………… 79
4.4.1 多指标综合评判方法的比较与选择 …………………… 79
4.4.2 基于矩阵关联分析的民办高校投资效益动态评估 …… 81
4.4.3 民办高校投资效益评价的实例分析 …………………… 84

5 我国民办高等教育投资风险评估与预警模型的构建 ………… 89
5.1 我国民办高等教育投资风险分析 ……………………………… 89
5.1.1 我国民办高等教育风险现状分析 ……………………… 90

5.1.2　我国民办高等教育投资风险的分类 ················· 90
　5.2　民办高等教育投资风险成因分析 ························· 92
　　　5.2.1　民办高等教育投资风险的外部环境成因 ············· 92
　　　5.2.2　民办高等教育投资风险的内部因素成因 ············· 95
　5.3　民办高等教育投资风险评估体系构建 ····················· 97
　　　5.3.1　民办高等教育投资风险评估指标设置原则 ··········· 97
　　　5.3.2　民办高等教育投资风险评估指标体系设计 ··········· 98
　　　5.3.3　民办高校投资风险评估模型的构建 ················ 100
　5.4　我国民办高校投资风险预警系统构建 ···················· 108
　　　5.4.1　我国民办高校投资风险预警系统的设计 ············ 108
　　　5.4.2　我国民办高校投资风险预警方法和标准选择 ········ 108
　　　5.4.3　民办高校投资风险预警的实例分析 ················ 111

6　我国民办高等教育投资环境预测及投资对策分析 ············· 115
　6.1　我国民办高等教育投资的外部环境预测 ·················· 115
　　　6.1.1　我国宏观经济、社会环境预测分析 ················ 115
　　　6.1.2　我国民办高等教育投资的政策环境预测分析 ········ 121
　　　6.1.3　我国民办高等教育的生源预测 ···················· 124
　6.2　我国民办高等教育投资内部环境预测 ···················· 129
　　　6.2.1　我国民办高等教育发展趋势分析 ·················· 129
　　　6.2.2　我国民办高等教育发展的投资潜力分析 ············ 130
　6.3　我国民办高等教育投资对策建议 ························ 135
　　　6.3.1　健全民办高校投资制度,提升民办高校的营利能力 ··· 135
　　　6.3.2　优化民办高校投资环境,提升民办高校的抗风险能力 ·· 136
　　　6.3.3　加强民办高校内涵建设,提高民办高校投资效益 ····· 138
　　　6.3.4　加强民办高校投资风险防控,降低民办高等教育投资
　　　　　　风险 ··· 140

7　结论与展望 ·· 143
　7.1　主要研究工作及结论 ·································· 143
　7.2　创新之处及存在的不足 ································ 145
　　　7.2.1　主要创新点 ···································· 145
　　　7.2.2　存在的不足 ···································· 146
　7.3　研究展望 ·· 146
　　　7.3.1　加强民办高等教育投资与风险管理的国际比较研究 ··· 147
　　　7.3.2　民办高等教育投资运行过程中的风险防控机制研究 ··· 147
　　　7.3.3　民办高等教育投资办学的地域性差异研究 ·········· 147

附录1 我国民办高等教育投资效益评估指标体系权重
　　　　调查表 ·································· 148
附录2 三所民办高校投资风险指标调查值 ············· 153
参考文献 ·· 154
后记 ·· 162

1 绪　论

1.1　选题背景和问题提出

改革开放以来,我国高等教育事业蓬勃发展,取得了令人瞩目的成绩。《2017年全国教育事业发展统计公报》显示,全国共有普通高等学校2 878所(含成人高等学校282所),各类高等学校在校生规模达到3 779万人,高等教育毛入学率达到45.7%。全国共有全日制普通高等学校2 631所(含独立学院265所),其中,普通本科院校1243所,高职(专科)院校1388所,分别比上年增加6所和29所。高等教育招生规模与在校生规模保持稳步增长的趋势,普通高等教育本专科共招生761.49万人,普通本专科在校生2 753.59万人,分别比上年增加12.88万人和57.74万人,增长1.72%和2.14%。全国各类机构共招收研究生80.61万人(博士生8.39万人,硕士生72.22万人),其中,全日制69.19万人;在学研究生规模达到263.96万人(在学博士生36.2万人,在学硕士生227.76万人),分别比上年增加2.49万人和65.85万人,增长3.73%和33.2%。成人高等学校282所,比上年减少2所。

我国高等教育已经由精英教育向大众化教育阶段过渡,高等教育总体规模已居全球首位,且我国高等教育规模还在呈不断扩大发展的趋势。尽管政府对高等教育的财政投入总量不断增加,但仍难以满足高等教育规模扩展的需要,以至于近年来我国高等教育生均教育经费支出时有波动。2001年,生均预算内事业费支出为6 816.23元,生均预算内公用经费支出为2 613.56元。2010年,全国普通高等学校生均预算内事业费支出下降为5 375.94元,生均预算内公用经费支出下降为2 237.57元。2015年生均公共财政预算教育事业费支出,全国普通高等学校为18 143.57元,比上年的

16 102.72元增长12.67%;生均公共财政预算公用经费支出,全国普通高等学校为8 280.08元,比上年的7 637.97元增长8.41%。2016年生均公共财政预算教育事业费支出,全国普通高等学校为18 747.65元,比上年的18 143.57元增长3.33%;生均公共财政预算公用经费支出,全国普通高等学校为8 067.26元,比上年的8 280.08元下降2.57%。2017年生均一般公共预算教育事业费支出全国普通高等学校为20 298.63元,比上年的18 747.65元增长8.27%;生均一般公共预算公用经费支出,全国普通高等学校为8 506.02元,比上年的8 067.26元增长5.44%。

随着高等学校办学成本的不断增加,我国高等教育经费投入不断增大,高等教育规模的持续扩张与教育经费投入的增长趋于同步,为满足公众对日益增长的高等教育的需求,我国应从办学体制和投资体制方面进行改革,鼓励和支持民办高等教育的发展。

随着改革开放和市场经济体制的确立与完善,我国民办高等教育在办学规模、办学层次和办学条件方面,取得了可喜的成绩,形成了以公办高等教育为主体,公办高等教育、民办高等教育共同发展的局面,为我国高等教育事业的发展做出了重大贡献,我国民办高等教育事业作为社会公益性事业,是促进高等教育改革和发展的重要力量,已从我国高等教育的补充形式,转变为高等教育的重要组成部分。2011年,我国民办高校数量达到698所(含独立学院309所),比2010年增加22所;全国民办高校招生规模达到153.73万人,比2010年增加6.99万人;在校生规模达到505.57万人,比2010年增加28.38万人,其中本科在校生311.82万人,专科在校生193.25万人。截至2017年,我国民办高校数量达到747所(含独立学院265所,成人高校1所),比2016年增加5所;全国民办高校普通本专科招生规模达到175.37万人,比2016年增加1.51万人,增长0.87%;在校生规模达628.46万人,比2016年增加12.25万人,增长1.99%。民办高等教育事业的发展,不仅推动了我国高等教育"大众化"的进程,而且弥补了政府对高等教育供给的不足,节省了巨大的教育财政开支。按照2007—2017年中国教育统计年鉴统计,2006—2016年,全国民办高等教育共为国家财政节省了7086亿元,还未包括民办高校在土地、设施及设备的投入,以及拉动各个产业促进经济发展的直接和间接贡献。同时,还增加了教育消费,满足了家庭和社会对高等教育的个别化、多层次、多样性的教育要求,培养了大批建设人才,扩大了内需,拉动了经济的增长。

我国民办高等教育在快速发展的过程中形成了具有中国特色的发展路径,为我国民办高等教育事业的健康发展奠定了一定的基础。但是,我国民办高等教育在发展过程中也出现了许多问题,特别是近年来出现的资金供给不足、办学效益不高、可持续发展能力不强等问题,其重要原因就是在对民办高校进行投资和管理过程中,分析不够全面,缺少科学的投资指导,对民办高等教育的投资风险和管理风险缺乏科学的预警和评估机制。因此,分析我国民办高等教育投资现状,找出我国民办高等教育投资存在的问题,科学地测算民办高校的投资效益,合理确定民办高校投资的回报区间,建立民办高等教育投资风险预警系统,科学评价民办高校的投资效益与投资风险,准确预测民办高等教育投资环境变化趋势,有效规避民办高等教育投资风险等一系列问题,都是摆在政府、民办高等教育研究者和办学者面前亟待解决的现实问题。

1.2 研究意义

对民办高等教育投资与风险管理进行研究,将进一步丰富我国民办高等教育投资与风险管理理论,完善民办高等教育投资效益测度与投资合理回报区间确定的量化模型体系,拓展民办高等教育投资效益评估与投资风险评估的方法体系,提出民办高等教育投资风险预警研究思路。本研究具有重要的理论意义和现实意义,具体体现在以下几个方面:

(1)探析我国民办高等教育发展与投资现状,明晰我国民办高等教育发展与投资的阶段性特征,找出我国民办高等教育投资存在的问题,为进一步研究我国民办高等教育投资与风险管理奠定基础。

(2)探索民办高校投资效益测度与投资收益区间测算的量化模型体系,为科学测度我国民办高校的投资效益和合理确定我国民办高等教育投资效益区间提供方法支撑,还可以为我国民办高等教育有关合理回报率政策的制定提供参考。

(3)拓展我国民办高等教育投资效益评估与投资风险评估的方法体系,建立我国民办高等教育投资效益与投资风险评估模型,为科学评估我国民办高等教育的投资风险与投资效益提供方法支持。

(4)搭建我国民办高校投资风险预警体系,为规避民办高等教育投资风险提供分析技术。

本研究不但可以为民办高等教育投资与风险管理研究提供理论参考,还可以为政府制定民办高等教育投资与风险管理的相关政策提供分析依据。

1.3 研究目标

本研究旨在对我国民办高等教育投资与风险管理进行系统深入的研

究、分析,丰富民办高等教育投资理论与投资风险管理理论,拓展民办高等教育投资效益测度、投资效益区间测算、投资效益评估、投资风险评估、投资风险预警、投资环境预测等理论与方法体系,为提高我国民办高等教育投资效益,加强投资风险管理提供理论指导和分析依据。

(1)通过对我国民办高等教育的投资现状进行分析,探析我国民办高等教育投资发展的阶段性特征与模式,找出我国民办高等教育投资存在的问题,为建立适合中国国情的民办高等教育投资理论提供分析基础。

(2)通过对我国民办高等教育投资效益测度与投资效益评估的研究,建立民办高等教育投资效益测度模型,给出民办高等教育投资效益区间的测算方法,构建出民办高等教育投资效益评估体系,以期为民办高等教育投资效益测度与投资效益区间测算提供量化模型支撑,并不断完善与发展民办高等教育投资效益评估体系,为民办高等教育投资效益评估提供技术支撑。

(3)探究民办高校投资风险的成因,建立其投资风险评估模型,搭建其投资风险预警体系,拓展民办高校风险评估与预警研究成果,为加强我国民办高等教育投资风险管理,提高办学主体的风险防范能力提供技术指导。

1.4 研究内容

1.4.1 研究思路

本研究按照系统分析、系统综合、系统优化的逻辑过程,按照"提出问题→分析问题→解决问题"的研究思路,针对我国民办高等教育投资效益测度、合理收益区间的确定、投资效益评估、投资风险评估、投资风险预警、投资潜力预测等问题,以教育经济学、教育管理学、投资学为基础,结合系统工程、灰色系统理论中新技术,采用跨学科的综合集成研究方法,对我国民办高等教育投资与风险管理进行深入研究。民办高等教育投资收益测度模型的构建、民办高校投资效益与投资风险评价模型的构建、投资风险预警系统的架构是研究的重点。民办高等教育投资收益区间的确定和民办高等教育投资风险预警系统的构建将是研究的难点所在。本研究将采取从简单到复杂、定性分析与定量分析相结合、微观分析与宏观综合相结合、理论分析与实证分析相结合的方式对上述问题进行研究,以期丰富与完善民办高等教育投资与风险管理理论。

1.4.2 主要研究内容与章节安排

本研究将在梳理民办高校投资与风险管理相关理论的基础上,分析我国民办高等教育发展现状,明晰我国民办高等教育投资的模式与阶段性特征,找出我国民办高等教育投资存在的问题;剖析我国民办高等教育成本与收益构成,建立民办高等教育投资效益测度模型,提出我国民办高等教育投资收益区间的估算方法;探讨我国民办高等教育投资风险的成因,构建民办高等教育投资风险评估模型体系,架构民办高等教育投资风险预警系统;利用灰色预测技术对我国民办高等教育投资环境与投资潜力进行预测分析,提出我国民办高等教育投资对策。本书共七章。

第1章"绪论",阐述本研究的背景、意义,明确目标、厘清研究思路,提出本书的研究内容结构,建立研究的逻辑框架。

第2章"相关理论和国内外研究综述",梳理民办高等教育投资与风险管理的相关理论,对国内外关于民办高等教育投资与风险管理的研究现状进行了分析,在评价相关研究的基础上,找出现有研究存在的不足之处,提出本研究的范围以及研究的视角。

第3章"我国民办高等教育发展与投资现状分析",重点分析我国民办高等教育发展历程与阶段性特征,探讨我国民办高等教育投资历程与模式,找出我国民办高等教育投资存在的问题。

第4章"我国民办高等教育投资收益率测度及投资效益评价研究",剖析我国民办高等教育的成本与收益构成,在此基础上构建我国民办高等教育投资收益测度模型,提出我国民办高等教育投资合理回报区间的估计方法,构建民办高等教育投资效益评估指标体系,建立民办高等教育投资效益静态与动态评估模型,并进行实证分析。

第5章"我国民办高等教育投资风险评估与预警模型的构建",对民办高等教育投资风险进行分类,并探讨民办高等教育投资风险的成因,在成因分析的基础上构建民办高等教育投资风险评估指标体系,建立民办高等教育投资风险评估模型,并进行实证分析。设计出我国民办高等教育投资风险预警系统,重点研究民办高等教育投资风险警度测度模型,通过实证分析,检验投资风险预警系统的有效性。

第6章"我国民办高等教育投资环境预测及投资对策研究",以民办高等教育发展的内外部环境的变化为预测目标,重点预测我国民办高等教育发展宏观经济环境、政策环境、生源情况、投资收益的变化趋势。在对民办高等教育发展环境预测的基础上,结合我国民办高等教育投资存在的问题,提出了提高我国民办高等教育投资效益的对策建议。

第7章"总结与展望",对本研究的主要成果与创新点进行概括,指出本研究存在的不足之处,并对我国民办高等教育投资的研究提出展望。

1.5 研究方法与技术路线

(1)规范分析与实证分析相结合。对基本概念的界定及相关基础理论的论述,包括对民办高等教育的投资与风险管理的相关概念、投资的特点、投资风险的分类、投资风险的成因等问题,采用规范分析方法;对民办高等教育的投资效益测度、合理回报区间估计、投资效益评价、投资风险评估、预警系统的构建等问题,采用模型量化与实证分析相结合的方法。

(2)定性分析与定量研究相结合。对民办高等教育的投资现状、投资特点、投资存在的问题、投资风险的分类与成因分析、投资政策环境的变化等问题,进行定性分析;对民办高等教育投资效益测度、合理回报区间估计、投资效益评估、投资风险评估、预警体系的构建等问题,运用定量模型进行研究,如内部收益法、矩阵关联分析法、灰色白化权函数、功效系数法、灰色预测模型等量化分析技术。

(3)静态分析与动态分析相结合。在利用内部收益率法构建民办高等教育投资效益测度模型时,综合考虑影响收益与成本的不变因素与可变因素,根据贴现率的动态变化,提出民办高等教育合理回报区间的估算方法;建立了我国民办高等教育投资效益动态评估模型;在进行民办高等教育投资风险预警中采用静态分析方法。

本书研究思路与逻辑结构如图 1.1 所示。

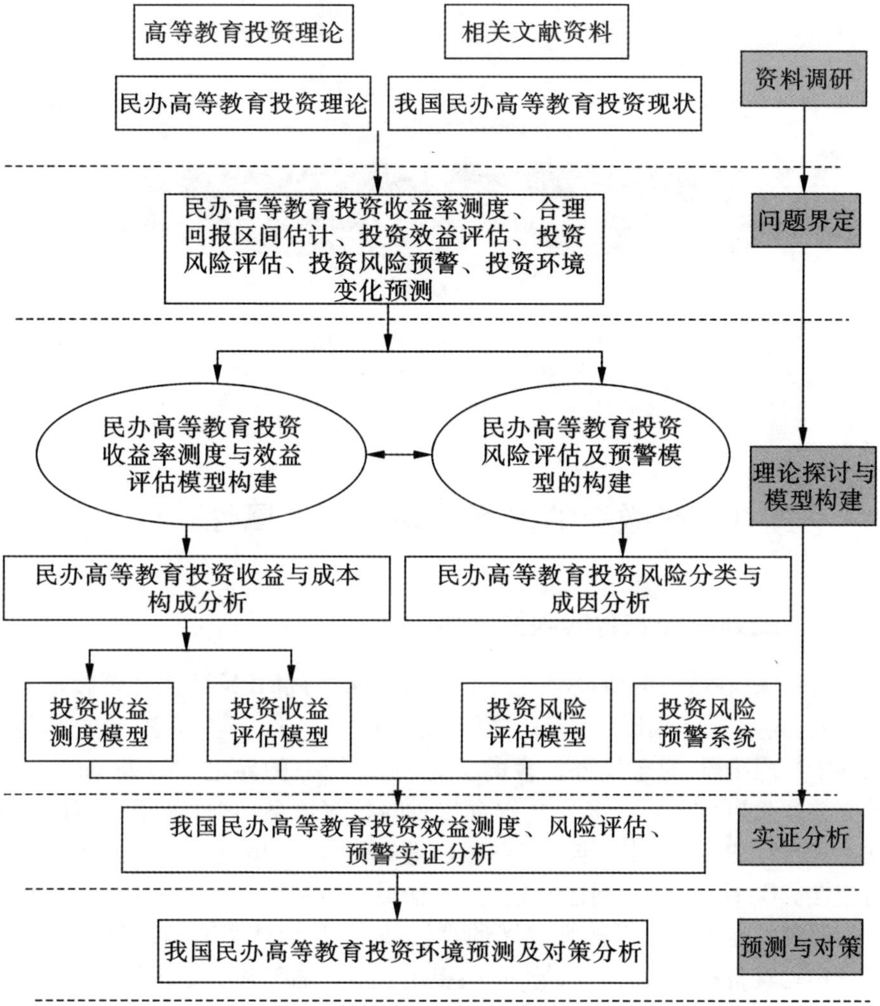

1 绪论

```
高等教育投资理论      相关文献资料                          资料调研
民办高等教育投资理论  我国民办高等教育投资现状

民办高等教育投资收益率测度、合理                            问题界定
回报区间估计、投资效益评估、投资
风险评估、投资风险预警、投资环境
变化预测

民办高等教育投资      民办高等教育投资                      理论探讨与
收益率测度与效益      风险评估及预警模                      模型构建
评估模型构建          型的构建

民办高等教育投资收益与成本   民办高等教育投资风险分类与
构成分析                    成因分析

投资收益    投资收益    投资风险    投资风险
测度模型    评估模型    评估模型    预警系统

我国民办高等教育投资效益测度、风险评估、                    实证分析
预警实证分析

我国民办高等教育投资环境预测及对策分析                      预测与对策
```

图 1.1 研究思路及逻辑结构

2 相关理论和国内外研究综述

2.1 民办高等教育的内涵界定及行业属性

2.1.1 民办高等教育的内涵界定

近年来,在政府的协助与支持下,各种社会力量开始关注高等教育事业的发展,其办学形式出现多元化趋势,既有私人办学、企业办学,也有其他组织办学。现阶段,对于民办教育的含义,尚无统一的界定。如 Jaishree 认为私立教育是指与政府出资公立教育相对的教育体系,它打破了很多国家公立高等教育的主导地位、丰富了各国高等教育体系、增进了各国高等教育的适应性。Geiger 则从营利性的角度,根据美国营利性教育机构的发展概况,认为营利性需求是私立教育发展的直接动因,从而认为有营利性需求的教育机构均具备私立教育的特征,从而提出建立产权清晰、权能完整的产权制度是私立教育机构发展的保障。我国学者魏贻通认为,凡是由非政府部门建立,并经过政府机构认可的教育机构都是私立院校。张剑波则以设立机构与教育经费来源的标准划分,他认为凡是由社会团体、企事业组织及其他组织或者公民个体,利用非政府投入的教育经费建立的学校,均属民办学校。

结合各学者研究成果,笔者认为要全面界定民办高等教育概念,不能忽视两个标准:一个标准是举办者的性质,另一个标准是创办资金的来源。对民办高等教育而言,举办者应当是非政府机构或非营利性公益组织;能够独立承担民事责任的法人(包含企业、公民个人等)。相应的,其经费来源应当是:有办学意向的企业、社会捐赠、投资,部分经常性的教育经费可以由政府资助,但经费的主体部分应靠学校和社会力量解决。除上述两点之外,民办高等教育通常是实施正规学历教育的高等学校,并非一般的培训机构。

基于上述分析,笔者认为,民办高等教育的内涵可界定为:由非政府机构举办,创办资金由办学者自筹、社会捐赠或者投资,实施正规高等学校教育的社会机构。根据上述的含义,民办高等教育应该包括实施成人高等学历教育的民办高等教育和实施普通高等学历教育的民办高等教育等。

2.1.2 民办高等教育的行业属性

2.1.2.1 民办高等教育的私人属性

经济学中公共和私有产品的划分是依照是否具有竞争性和排他性两个指标进行的,根据性质的不同,可以划分为公共产品、私人产品和准公共产品三类。产品的竞争性是具有某种资格的参与主体才能消费该产品或享受某种服务;而排他性是指产品是稀缺的,这种产品一旦被某一消费者占有,就不能被其他消费者占有。现代经济学把既具有排他性又具有竞争性的产品称为私人产品;而把只具有排他性或只具有竞争性的产品称为准公共产品;既不具有排他性又不具有竞争性的产品则称为公共产品或纯公共产品。

民办高等教育产品具有排他性和竞争性。所谓排他性,是指每一个接受民办高等教育的人都可以消费民办高等教育向社会提供的教育资源,并且凭借这种消费给自己带来效用,即更多的就业机会和较高的收入等,但这种资源是稀缺的,这种资源一旦被某一个人占有,就不能被其他人占有。基于此,Card 等人指出私立教育具有营利的需求,因而教育产品在消费上具有排他性。同时,Card 等人也指出提供民办高等教育有可能把这种有限的资源分割开来,提供给最需要接受教育的人,而他们每提供一定数量的资源,其边际成本一般来讲是大于零的。且按产品单位付费,谁享用谁付费。因而,民办高等教育产品在享有的资格上具有俱乐部性质,即具有竞争性。显然,作为一种商品,民办高等教育的这种排他性和竞争性决定了它不仅是商品,而且具有私人产品的特征。

民办高等教育可以满足多元化的市场需求。Budria、Santiago 在其论文中指出,随着社会经济的发展,个人的教育需求出现了多元化的倾向,进而对相应教育产品的供给提出了要求,即要求教育体制和教育机构更加多元化。民办高等教育需求的多样性,主要表现在人们不仅对普通民办高等教育的需求强烈,同时也表现在对不同体制的教育机构和办学者需求强烈。目前,受教育主体选择学校,更多地从教育质量、兴趣、内容等方面来进行。这样,某些类别和层次的教育则提供了众多可进行的选择。由此可见,受教育主体的多样性教育需求,为民办高等教育和其他特色教育的发展提供了舞台。

不同的人的需求存在各种差异,偏好也各有不同。国家的公共部门由于要照顾更为宏观的方面,能提供的产品的个性较少,同时,这种差异化产品也不适合由政府负担。根据相关的公共产品理论,在教育服务中具有排他性和竞争性的部分,应该由私人部门来提供,如此一来,一方面可以有效地满足社会需求,提高教育收益,同时降低成本;另一方面也可以作为在市场环境下改善教育品质、促进教育公平的重要途径。Gregorio 也指出,从私立高等教育产品的供给机制以及供给动机来看,政府为了实现社会福利的最大化,强制赋予了民办高等教育非排他性的特点。因此,承认民办高等教育产品的私人性质是合理的,不仅有利于提高教育培养质量、提高培训效率,而且有利于多元化教育经费的来源和教育市场的培育,还有助于政府与学校之间、学生和社会组织之间的新型关系的建立等。

2.1.2.2 民办高等教育的准公共产品属性

除了私人性质外,民办高等教育产品还具有极强的外部性,从而又呈现出一定的公共产品的属性,由此可以将其视为准公共产品。根据 Enke 的定义,所谓"准公共产品"是指只具有排他性或只具有竞争性的产品。从教育内容来看,民办高等教育既要满足社会经济生活的一般需要,又要关注人类纯精神领域的研究,还要进行各种知识的普及。Demsetz 通过对美国高等教育的研究,指出个人在获得相应的教育产品之后,不仅个人受益(比如体现在职业生涯的发展和个体素质的提高等),而且具有社会溢出性,同时对于区域和国家来说,教育社会效益要大于个人效益。由此可知,民办高等教育具有明显的外部性。

具体来看,民办高等教育产品是提高劳动者智力素质的重要途径。民办高等教育的发展状况,会直接影响劳动者的素质。劳动者整体的素质对于经济的发展非常重要。作为培养劳动者素养技能和道德价值观念的重要手段的民办高等教育产品,能够提高国民的整体素质,提高社会的联系程度,实现社会的稳定和谐,有利于社会的持续进步。Casey 等也指出,私立的民办高等教育是培养和提高劳动者创造力的重要一环。另外,从受教育者来看,个体消费民办高等教育产品使他受益,意味着他可以掌握较为先进的科学技术,从而为科学技术转化为生产力创造了条件,就意味着他具有较强的创新能力,就意味着社会从中受益。此外,民办高等教育有利于促进社会公平。Eckstein 指出,教育公平实际上是公平状态在教育领域的集中体现,它是现代教育的基本价值,已经成为先进国家相关的教育制度和政策的重要出发点之一。由此可知,民办高等教育在保证公平方面有着难以替代的作用。

由此可以看出,民办高等教育提供的教育产品,既在消费上有较强的竞争性和排他性,又在消费上体现出较强的正外部性。因此,民办高等教育产品可定义为,具有较强消费正外部性的私人产品。相对于私人收益,消费民办高等教育产品的社会收益更大,从这个角度上来看,民办高等教育产品实际上已经成为准公共产品。

2.2 民办高等教育的投资属性

2.2.1 民办高等教育投资的概念与特点

为了培养各种专门人才及提高劳动者素质,需要有各种人力和物力投入到高等教育领域中,高等教育投资正是这些人力和物力的货币表现。西方学者对教育投资多数持积极观点,如 Adam Smith 指出,学习接受大学教育所花的一笔费用,可以视为将来收益的成本,可以得到相应利润。A. Marshall 也认为不能单以教育投资的直接结果来衡量是否需要把公私资金用于教育,因为教育投资实际上仅仅是投资的一种,这种投资对大多数人而言是有利的,它所带来的经济效益是明显的。Block 和 Dereks 也指出,人力投资的核心是教育投资,在大多数情况下,为保持竞争力的持续有序,应保证教育投资增长速度高于物质资本投资增长速度。基于他们的观点,Loeb 进一步认为,为了保证经济和社会的高素质发展,社会的投资重点需要从物质资本转向人力资本,以实现社会财富的持续增长。Lloyd 在总结上述观点后,从成本分担的角度分析了多种形式对教育投资的影响,同时分析了应如何在发展中国家实施教育贷款。他赞成将收取学费作为高校的经费来源之一,同时指出可以通过收取学费和对困难学生实施助学贷款两种方式,达到高等教育成本的补偿目的。

从上述研究可以看出,目前,西方大多数专家认为,高等教育投资具有两层意思。第一,高等教育投资是投入到高等教育这一特定领域内的人力、物力和财力的货币表现;第二,高等教育投资的目的是培养国家需要的、具有专门知识和技能的高级专业人才。高等教育投资包括高等教育投资主体的确立及其行为,经费的筹措途径、配置方式及其合理利用,高等教育投资的决策程序和管理方式以及宏观调控制度等。根据投资客体的差异,高等教育投资可以分为教育机构产权投资、人力资本产权投资和知识产品产权投资等。

基于此,并结合民办高等教育的特性,本研究将民办高等教育投资界定为两种,狭义的民办高等教育投资和广义的民办高等教育投资。狭义的民办高等教育投资,是指能形成民办教育机构产权的各方投资,即财务会计中的权益资本投资;广义的民办高等教育投资,则是指各个投资主体投入民办教育领域的所有人力和物力的货币表现,包括从民办高等教育服务供给和民办教育服务消费需求两方面投入到高等教育领域。在这里,需要指出的是,根据投资方的不同,广义的民办高等教育投资还可以划分为民办教育机构产权投资(即狭义的民办高等教育投资)、人力资本产权投资和知识产品产权投资等。

从上述定义可知,民办高等教育的投资除了具有高等教育投资特点之外,还具有其自身的特点,主要表现在以下几个方面:

第一,投资主体多元化。民办高等教育的投资主体一般是社会组织或个人,且资金也来自于社会组织或个人,不同于普通高等学校的投资主体——政府部门。民办高等教育投资具有"机制灵活、适应市场、讲究实效"的特点,其资金来自不同的投资主体,投资主体具有多元化的特点,且在资金使用过程中能发挥资金运用的实效,投资行为能适应市场经济的需要,能够满足高等教育供给的多样性需求。

第二,投资目的多样性。民办高等教育投资主体的投资行为,不仅在于要取得良好的社会效益,而且要取得相应的投资效益,获得合理的投资回报。民办高等教育具有取得社会效益与经济效益的双重目的。

第三,投资来源多样性。民办高等教育投资的资金可以来自社会组织、个人和家庭,也可以来自民办高等教育举办者的投资、被教育者个人的投资(学费),还可以来自私人、团体捐赠和合同收入。另外,各级政府对民办高等教育的拨款,以及民办高等学校的销售和服务性收入也构成了民办高等教育的资金来源。

2.2.2 民办高等教育投资营利的合理性分析

所谓民办高等教育的营利性,是指民办高等教育的经营者通过自身的经营努力,合理组织学校的内外部资源,加强财务管理等措施,实现民办高等教育较多的办学结余,而且将一定比例的办学结余在民办高等教育的投资者之间予以分配。民办高等教育能不能营利,一直是一个有争议的问题。本研究认为,在目前特定的历史阶段,应该允许民办高等教育投资营利,获取合理收益。以下几个角度可以说明民办高等教育投资营利的合理性。

2.2.2.1 民办高等教育产品的私人性质

根据经济学的观点,消费的竞争性、独占性与排他性是私人产品的特征。实际上就是实行按单位产品成本收费,谁享用谁付费,多享用多付费。从实际情况来看,依靠财政拨款是公共产品具有的重要特征之一,这样私立高等院校提供的教育服务并不完全具有公共产品性质。可见,私立高校的教育服务包含私人产品的性质和准公共产品性质。从而,民办高校提供的教育服务,私人产品的性质和准公共产品的性质更加明显。

教育的经济功能与教育产品的性质联系非常紧密。一般来说,教育对经济的促进作用越强,教育产品和服务的私人产品特性也就越强;反之,教育的公共产品性质相对较强。在这里,可以从三个层面理解教育的经济功能:第一个层面,是指教育能够促进和推动经济的发展;第二个层面,是指教育活动本身应当注重效率;第三个层面,是教育活动本身具有一定程度的营利特征,要赚取维持并扩大再生产所需的利润。

由此可以看出,公办高校提供的教育服务,只具备前两个层面的功能,属于准公共产品的范畴。而在客观上,民办高等教育已经具备了这些条件,所存在的争论主要是在理论和伦理方面,即民办高等教育是否为公益事业,是否应该营利,是否能以营利为目的办学。

2.2.2.2 民办高等教育的市场配置资源因素

资源的配置方式会受到产品的性质决定。资源配置方式包含三个方面,即配置的主体、动力和相关的决策方式。对于私人产品来说,它可以通过市场来配置,民办高等教育同时具有私人产品和准公共产品的性质。由此可知,民办高等教育的资源配置和调节,主要是由市场来决定的,非公企业、受教育者个人及其家庭是其配置的主体;教育市场产生的需求是其配置的原动力;决策方式以分散决策和自主决策为主。通过市场的牵动和资源配置,有助于促进高校通过加强管理,优化教育资源,提高教育要素的使用效率。随着我国民办高等教育的发展,市场经济在相关教育资源配置过程中的作用日益凸显,相比之下,政府通过学费标准的审批和相关政策的制定,对民办高校进行非直接控制。而公办高校由于体制的不同,需要国家财政的大量资助,因此采用以政府计划为主的资源配置方式,学费调控处于次要地位。

总体来说,市场机制在配置民办高等教育相关资源的过程中有两种方式,直接的市场机制和间接的市场机制。前者是通过收取各类费用直接利用社会的资源,后者则表现为通过劳动力市场的供求变化,实现对各类资源的配置。由此看来,民办高校与公办高校在资源配置上的主要不同是:由于国家财政支持的力度不同,公办高校实行的是部分成本收费,而民办高校由于政府资助极少,基本上通过提供教学服务、研究、咨询来获得收入,以补偿其全额的成本。因此,社会中的消费者掌握着民办高校的经费权,这是市场配置模式最显著的体现。

2.2.2.3 民办高等教育的自主办学与经营因素

民办高等教育主要依赖市场配置资源。根据国际的经验,自主办学是其特点和优势,这也使得民办高等学校的管理与经营、机制运行和体制的确立是一个创新的过程。

民办高等学校为市场配置资源的需要,会调整管理和运行机制,实行科学管理和有效经营,从而直接面向市场进行自主办学。民办高等学校在现代产业发展的新体制下,具有独立的法人地位,是一个具有"独立核算、自负盈亏"的办学实体和主体。因此,民办高校有理由在遵循"成本-效益"原则的前提下,在提供教育服务过程中,更多地使用价格机制,实行全额成本收费。这里主要包括以下四个方面:一是充分的办学经营权和自主权;二是自主设置与调整机构,并进行资源配置,以便适应市场变化和学校发展的需要;三是人事任免权、利益获取、经费支出、科研管理等方面权力的独立性;四是能够有效地建立合理的约束机制、激励竞争机制和调节机制,使得学校教育理念和发展目标得以有效地实现。

2.2.2.4 民办高等教育的资本运作与积累因素

教育资本的合理有效运作是民办高等学校管理经营的一个重要方面。资本是民办高等教育发展所必需的。目前,对我国民办高等教育而言,筹措资金的主要来源是学费、民间和企业的投资等,这部分资金也可以看作是学校长期的发展资金。在提供高质量的教育服务的前提下,为了维持民办高校的正常运转,对于教育资本运作的最低要求是投资人和民办高等学校的办学者,不可以让资本贬值。换句话说,就是投资人和办学者的办学教育行为应该获得不低于银行利率的收益(这应该说是资金的最低使用成本)。国家相关法律和政策上限制投资者及其个人以营利为目的的办学行为,实际上是基于民办高等教育具有公共产品性质的视角,而这个视角对民办高等教育的"双重"特质则有所忽视。民办高等教育以提供私人产品性质为主,若用公立高等院校的标准来进行要求,民办高等教育资源配置过多地受到政府计划和调控干预,那么私人投资兴办高等学校的积极性就难免受到影响。

实际上,从会计学和财务管理的角度来讲,当年结余是办学的总收入大于支出的余额,如此,当年结余应该算作利润。由此可以进一步推想,既然提供准公共产品性质服务的公办高等学校的办学活动可以实现创收,那么具有准公共产品和私人产品双重性质的民办高等学校也有理由通过办学营利,这种收益应该是合理的和无可非议的。更何况民办高等教育的办学经费基本上都是自筹的,政府并没有按照投资公益性的理论和成本分担的相关要求,予以相应的经费资助。

2.2.3　民办高等教育公益性与营利性的均衡

2.2.3.1　坚持民办教育的营利性,能够促进社会公益性的实现

教育的营利性是相对于教育的公益性而言的。关于教育公益性的特征,前文已经有较为详细的阐述。在本部分中,将给出公益性正式的概念含义。根据现有的理论,教育的公益性是指教育可以增加受教育者的技能,提升其综合素质,从而进一步提高劳动者整体素质,进而促进社会经济的持续增长和国际竞争能力的提升。由这个定义可知,教育的公益性是通过提高国民素质,促进国家实力增强而间接实现的。

从个人作为消费者的角度来说,教育是具有营利性质的。教育服务对于个人的使用价值,主要是体现在受教育个体通过消费教育这种服务,能够提高自身的素质,从而增加自身的人力资本潜力,进而提高未来获取收入的能力和改善所处社会政治、经济地位。对于民办高等教育来说,受教育者可以从两个方面获得收益:一是民办高等教育能够给受教育者带来更多的就业机会;二是民办高等教育在可预期的将来,能够使更多的受教育者的收入得以增长。由此可见,民办高等教育是一个消费者获得收益,而同时获得社会公益的过程。民办高等教育产品的供给逐渐增加,能够更好地实现教育私人收益与社会公益的统一。因而,在发展民办教育的过程中,须首先承认民办高等教育的营利性。

允许民办高等教育营利是一个帕累托改进。首先从增量角度来看,承认其营利性,民办高校会吸引更多的资本所有者参与其投资,进一步增强民办高校的办学实力与活力,进而能够提供更多、更优质的民办高等教育产品。同时,由于营利性的存在,已有的捐赠办学者,也不会退出办学的范畴。其次从存量角度看,现存民办高等教育所提供的教育产品数量,不会由于民办高等教育投资者追求资本的营利而减少。追求营利的民办高校和公办高等院校一样,实际上都是在规模经济上运营高等教育的,受教育的学生构成可能因为允许民办高等教育营利而改变,但民办高等教育可以培养的学生数量不可能减少。由于市场机制特点和市场经济规律的要求,民办高校会不断地扩大办学规模,提升办学质量,提高经济效益。

2.2.3.2　注重教育的公益属性,是产生营利的前提和基础

目前,人们更多地认为,在实行市场经济的国家只有经济效益值得追求,而社会效益则是可有可无的。然而,从现阶段社会的发展来看,即使在诸如欧美实行市场经济的国家中,人们也普遍重视民办高等教育的社会效益。这一方面是基于人们对社会平等的期盼和追求,另一方面在于没有良好的社会效益做基础,高等学校也就不可能有良好的声誉。

在市场竞争中,声誉本身就是一种无形的、含有巨大商业价值的商品。当今世界教育先进国家的高等学校之所以十分重视其声誉,其重要的原因就在于,较高的声誉不仅能够吸引更多的优秀学生、优秀教师等资源,而且可以获得更多的信任和支持,带来更多的资本投入和捐助、更多的项目、更高的报偿。在现实中,只有那些能够满足社会公共利益,同时教育质量好、学校声誉高、受教育者就业前景好的学校,社会组织、营利性企业和个人才会愿意进行投资,从而才可能有经济效益。否则,就吸引不了优秀学生,吸引不到高质量的教育投资,民办高等教育的营利目标和价值追求也就成为无源之水。

当前,由于市场竞争的加剧,各类学校逐渐关注社会效益,努力提高教育质量和社会声誉,以吸引各方面的投资。有远见的高校创立者将会把主要的精力逐渐转移到教育的社会效益上来,而非经济效益。实际上,世界一流大学之所以有较为充足的经费,办学效益较好,究其原因在于它们能够提供高质量的教育服务,社会声誉较高。教育不同于企业经营,要想真正成为国内外一流民办高校,非营利性是重要前提。环顾当前世界熟知的各国一流私立高校,如美国的哈佛大学、耶鲁大学,日本的庆应义塾大学、早稻田大学等[①],无一是以营利为目的的大学。不注重社会效益的高校,也就不可能取得很好的经济效益。

2.2.3.3 承认教育的营利性,有助于教育质量的提高

现阶段办学主体多元化可能会使企业资本或私人资本由于逐利性的存在,在进入高校后"一切向钱看",从而影响教育质量。对于这个问题,宏达集团总裁邬洪义先生说,"我们不是慈善家,我们看好教育这块市场",但是"我们投资方最关心的是学校的教学质量和学生对学校的内心感受,这方面从长远来说更为重要"。同样,在接受《中国教育报》记者采访时,美国诺贝尔集团教育执行官方塔娜博士也阐述:"公司利润最大化和教育质量最好两者是一致的,因为只有提供最好的教育质量,才能实现企业利润的最大化。从这个角度看,追求利润可能成为提高教育质量的重要出发点之一。同样,如果没有一流的教育质量,也就没有优质的生源,企业也就无法获得利润。"投资办学作为我国民办高等教育的阶段性特征,有其客观的现实必然性。

可见,教育的根本属性不会因为承认教育的营利性而改变。民办高等教育只有满足了社会的公共利益,有良好的社会效益和声誉,才有可能得到其经济效益。反之,若民办高校不重视其社会效益,则很难保证经济效益的

---

① 李文章:《改革开放 40 年我国民办高等教育发展:成就、经验与展望》,《黑龙江高教研究》,2018 年第 10 期,第 42—47 页。

提升。

2.3 民办高等教育投资的相关理论

2.3.1 高等教育成本分担理论

2.3.1.1 高等教育成本分担理论的背景

在早期的理论界,高等教育被认为是促进和维持社会发展的重要工具,培养经济社会发展所需的高级技术人才、经济人才、管理人才是构建和促进高等教育的目的。因此,高等教育作为一种国家意志的行为,其所有的办学成本理所当然应由政府承担。虽然受教育者同时在接受高等教育的过程中获得了一定的收益,但这可以视为高等教育国家收益的一个方面,相对于国家收益的整体而言,无论数量还是规模均可以忽略。

然而,社会经济的发展,致使高等教育的规模不断扩张,高等教育成本也在不断提高,特别是 20 世纪 70 年代爆发的石油危机和世界性的经济危机,导致各国的公共资金来源急剧减少,而社会对公共资金的需求却不断增长,对于各国的高等教育部门来说,出现了空前的财政危机。于是,成本分担理论开始出现并逐渐被学术界和企业界接受和认同。

2.3.1.2 高等教育成本分担理论的内容

20 世纪 80 年代后期,美国学者 D. Bruce Johnstone 在《高等教育的成本分担:英国联邦、德国、法国、瑞典和美国的财政资助》一书中,提出了针对高等教育领域的成本分担理论,并在随后的研究中不断地完善。

教育成本分担理论认为,高等教育服务的主要目的是培养社会经济发展所需的各种人才,由此,高等教育具有一定的公共属性和特殊功能,并承担着相应的社会文化义务。从这个方面可以看出,较强的经济外在性是高等教育所具有的重要特征。可见,国家和社会是高等教育的主要受益主体,其主要的经济责任应该由国家和社会共同承担。另外,根据人力资本理论,高等教育使得受教育者提高了相关的技能,有利于其获得较高的收入,具有较好的发展前景,并且能够获得相应的社会地位。受教育者本人实际上也是高等教育直接的和内在的受益者。按照市场经济中所谓的"谁受益,谁付费"的原则,受教育主体也应当缴纳相应的学费;同样的道理,由于未来受教育者将会有可观的预期收入,实际上也提高了其家庭的收入。学生社会地位的提高,客观上也提高了其家庭的社会地位。因此,学生家长或者说家庭也应该承担相应的高等教育培养成本。

根据成本分担理论,雇主(如企业、事业单位等)生产经营的劳动生产率会因受教育者的人力资本投资而提高,从而使其获利增加,所以受教育者的雇主也应该分担一部分培养成本。因此,高等教育的成本应当由政府、学生、家庭、雇主和社会各方面来共同分担。

2.3.1.3　高等教育成本分担理论的适用性

2017年,世界银行通过对拉美和加勒比海地区高等教育调查发现:个人收益率比中等教育高104%,从阿根廷的49%到哥伦比亚的179%,学生贷款比例从38.6%到39.5%不等,高等教育通过成本分担"可以在高等教育实际价值上增加35%的资源"。私立高等教育的份额从27%到70%不等[①]。世界银行的另一项研究表明,学费是高等学校的一个重要资金来源,多数国家的公立、私立高校的学费收入占学校经常性支出的比例可以达到15%~25%。

根据上述多项研究,许多国家的高等教育已经实施了收费政策,许多国家也有了教育收费改革的思路。同样,与国外许多国家相比,我国的高等教育现状有很多相似之处,从而也有必要进行教育成本分担等方面的尝试。也就是说,高等教育(包括公办教育机构和民办高等教育机构)可以要求受教育者担负相应的高等教育成本,即实行合理的高等教育收费办法。同时,政府的相关部门和其他成本分担主体也需要承担相应责任,对民办高等教育提供者和民办高等教育举办者进行部分的资助和激励。

2.3.1.4　高等教育成本分担理论的基本原则

根据成本分担理论,高等教育的成本分担依据利益获得和能力支付两个原则。所谓利益获得原则就是各个受益主体根据收益的大小确定各自分担的成本份额。而能力支付原则要求各个受益主体根据各自的支付能力负担相应的成本和支付相关费用。受教育者个体不能独自占有高等教育的收益,高等教育存有溢出效应,包括经济收益和非经济收益两个方面。根据利益获得原则的理念,国家、社会、企业、团体和个人都是高等教育的利益获得者,因此,都应承担相应的教育费用和相关责任,这是促进教育资源有效配置的一种重要方式;按照能力支付原则,各个获利主体都应按其实力的大小来补偿高等教育成本,也就是说支付费用要根据主体的承受能力来确定相应的费用标准。现阶段,我国的经济发展还很不平衡,城乡发展不均衡,城

---

① María Marta Ferreyra, Ciro Avitabile, Javier Botero Álvarez, et al. *At a Crossroads: Higher Education in Latin America and the Caribbean*, 2017 International Bank for Reconstruction and Development / The World Bank, https://openknowledge.worldbank.org/bitstream/handle/10986/26489/9781464810145.pdf?sequence=2&isAllowed=y.

乡收入存在较大差距。因此,在进行高等教育成本分担时,还必须考虑经济发展的实际情况和学生个体的承受能力。高等教育成本分担额度的制定依据,不能单独按照高等教育的需求来评判,而应该按能力支付原则来确定成本分担标准,这是目前采用较多且认同度较高的通常做法。

可以看出,这两个原则的运用是关联性与冲突性共存的。首先,从关联性来看,利益获得原则和能力支付原则,二者都要求政府参与高等教育的供给。能力原则要求富裕者多负担教育成本,收益原则也要求教育受益的主体负担相应的教育成本。这样,只有依靠税收等行政手段来筹集这部分资金,然后将其用于高等教育。其次,从二者的冲突性来看,收益原则是说如果可以承担较多成本额度的个体,没有获得相应的教育利益,那么就可以不负担教育成本,这实际上是与能力原则相矛盾的。由此可知,上述两条原则无法分开看待,应该按照主体的实际情况,将二者相联系起来全面考虑。

2.3.1.5　高等教育成本分担的必然性

虽然在理论上来看,高等教育成本和相关费用应由国家、社会和接受教育的个人来共同分担。新中国成立初期,虽然经济发展相对落后,但国家不仅实行免费的高等教育,还提供给学生必需的生活补助和相关费用,高等教育仍然运转良好。我国早期高等教育发展水平不高,教育规模较小。在那种背景之下,为了促进经济和社会发展,政府把教育的重心放在了高等教育上,因此实行了免费教育。同时由于所处的经济背景是计划经济,高等教育的个人收益部分相对较小,高等教育成本由国家财政全部负担。但是,随着社会发展和经济体制改革的深入,教育模式也发生了转变,表现在国家在基础教育方面(也就是九年义务教育方面)的投入大大增加,与此相对应的是,高等教育投入力度不可能再像从前一样,因而出现了生均拨款比例逐年下降的现象。除此之外,另一个重要原因是高校的扩招。1999年高校扩招后,高等教育在短期内快速扩张,国家已难以完全承担高等教育发展的成本,在这种情况之下,由接受高等教育服务的受教育主体分担高等教育的培养成本成为大势所趋。

2.3.2　高等教育投资收益理论

2.3.2.1　高等教育投资主体的划分

一般来说,投资的目的是获得合理的投资收益,投资收益是指投资者在一定时期内所获得的总利润或损失。高等教育收益是指各投资主体因投资高等教育而获得的合理回报。知识经济时代,支持经济发展的最重要组织之一就是教育部门,自改革开放以来,我国教育事业的规模和质量得到了快速发展,成为推动经济社会发展的重要力量,对中国现代化进程也做出了先导性的重要贡献。为此，科教兴国的基本国策也得到了及时的确立，教育投资已成为国家投资行为的重要组成部分。当然，教育投资的另一个重要构成是家庭和个人等受教育主体的投资。有关调查显示，教育投资位列家庭支出首位，对家庭和个人的影响也日渐重要。

根据利益相关者理论，企业等社会性组织的利益相关者是指那些能影响组织目标的实现或被组织目标的实现所影响的个人或群体，组织的股东、员工、债权人、供应商、消费者、政府部门、相关的社会组织或社会成员等，全都归入此范畴。一般来说，民办高等教育系统应包含主体（各级政府、教育主管部门、民办高等学校、社区与居民）和客体（学生）两个基本要素。这两个要素构成了民办高等教育系统发展的市场链条，但民办高等教育产品的准公共产品属性和公益性特征，决定了我国民办高等教育的利益相关者，还应该包含普通的公立教育机构、国内公益组织、媒体等。这些要素及其管理部门共同构成了民办高等教育的核心内容，并成为其利益相关者。各种利益相关者的权力、利益交织在一起，多元化的利益主体、多样化的利益需求、多途径的利益实现方式，构成了一个错综复杂的利益网络，也会对民办高等教育投资产生重要的影响。因此，在分析我国民办高等教育投资的相关问题时，需要重视各个利益相关者诉求与动因。基于此，高等教育的投资主体应包括政府、企业组织、办学者、受教育者等。

2.3.2.2 高等教育政府投资收益

高等教育的投资能够使得国家获得明显的经济和社会收益，如国民素质、劳动生产率、施政成本、国家形象、文化等软实力方面的提高。根据教育经济学的相关理论，无论发达国家还是发展中国家，经济的增长都能够从教育的发展和投资中获得很多利益。同时，高等教育能够使受教育者的知识与能力得到提高，增强其就业能力，并提高其收入水平。受教育者通过收入的提高则能够补偿家庭或个人先前的教育投入以及相应的机会成本。同时，受教育程度的提高，还有利于增加整个社会人力资本的存量和质量，为国民经济的持续发展提供保证，也为国际竞争力提升提供支撑，从这些方面来看，投资高等教育对于政府来说也是十分有利的。可以说在当今社会，高等教育的发展已成为提升综合国力的重要途径，政治稳定、经济发展等国家实力的提高，都离不开高等教育的健康发展。

根据相关的统计数据，西方发达国家的政府始终保持较高水平的高等教育投资，同时在各个教育投资主体的成本分担份额中充当了最主要的角色。以美国为例，2013—2014学年美国所有具有学位授予权的高等教育机构总收入6 050亿美元，其中公立院校3 530亿美元，私立非营利院校2 290亿美元，私立营利性院校230亿美元。营业收入（包括学杂费、联邦拨款、院校经营收入等)占公立院校的 56.43%,非营业收入和其他收入分别占 38.62% 和 4.95%。其中,学杂费占比 19.97%,州政府拨款占 17.76%,附属医院等营业性收入占 10.65%。私立非营利高校中,联邦拨款占 10.34%,地方政府拨款一般不超过 2%,学杂费为 29.58%,学校投资收益为 24.98%,私人捐赠为 11.29%。私立营利性高等院校中,学杂费占 90.37%,联邦拨款占 4.15%,州和地方政府拨款占 0.34%,私人捐赠占 0.05%①。当前,我国的高等教育正经历着"精英教育"向"大众教育"的转变,随着高等教育体制改革的不断深入,民办高等教育也逐步发展起来,如何实现民办高等教育投入成本的分担和如何实现民办高等教育投资收益的分配,成为民办高等教育健康和可持续发展的关键。

2.3.2.3 高等教育办学者和用人单位投资收益

办学者(主要是指民办高等教育的创办主体)和用人单位(一般是指相关企事业单位等)是高等教育成果的主要获取者和教育的主要受益者。对办学者来说,一方面,高等教育(在这里特指民办高等教育)的营利性特征能够使其获得相应的投资收益;另一方面,对民办高等教育的投入,可以使其获得良好的声誉,从而使得其主营领域得到持续发展。此外,目前国家相应的政策还从税收、补贴及社会责任形象等方面给予优惠和支持,这也使得办学者的投资有相应的收益。

对用人单位来说,它们则可以获得高等教育所生产的智力和技术产品,为其发展提供必需的高层次人力资本,如高素质的各层管理人员、科技研发人员、市场销售人员等。因此,从"利益获得"原则出发,办学者可以增加教育投入来实现对高等教育成本承担,同时,他们也有动力对高等教育进行成本的补偿和必要资金的投入。在具体的操作形式方面,用人单位除可以对使用的高校毕业生给予一定的补偿(如专业资助、定向委培等),还可以设立各种专项奖学金,帮助偿还教育贷款,或通过提供各种捐赠和资助等进行成本分担,并获取相应的投资收益。

2.3.2.4 高等教育捐赠者投资收益

高等教育捐赠者主要是指无偿地为从事高等教育行为的组织提供办学所需的各类财产的个人或组织。按照美国对其高校捐赠者的划分,一般来讲捐赠者主要包括校友会、合同公司、基金会等。从这一渠道获得的教育经费是发达国家高等学校的重要经费来源。发达国家的大学校长要用三分之

---

① 张伟:《差异、多元与变革:美国高等教育财政状况探微》,《徐州工程学院学报(社会科学版)》,2017 年第 4 期,第 91-92 页。

二的时间向社会宣传学校的办学方针、学术成果,以取得全社会的大力支持,筹措更多的办学经费。捐赠者对高等教育的投资,不仅使高等学校能够得到充裕的发展资金,也能使捐赠主体获得相关的收益。一方面,能够对自己母校、社会以及相关公益领域进行回馈,实现自身对于更高目标的精神追求;另一方面,通过相关的捐赠活动,捐赠主体能够获得较为优良的社会形象与社会资源,相对于其他的社会活动(包括公益活动和营利性活动)来说,都有着更为广阔的发展前景和提升的空间。

为此,有学者就建议,我国的高等教育应充分发挥捐赠主体的积极性,构建全社会捐资助学的政策和激励制度,提高学校声誉,增强学校吸引资金的能力。在西方发达国家,对高等教育捐赠已经成为一种风尚和传统。除此之外,还应该开辟其他途径,比如加强与校友的联系,成立校友会等组织和机构。因为校友是学校教育水平和社会声誉的重要体现,实际上,对学校来说,校友本身就是一笔无价的财富。以美国为例,许多著名大学的校友会都已经成为一个相当正式的部门,有固定的工作人员和工作场所,有的甚至整理了校友档案和联系制度,用定期发送期刊等方式来加强校友联系。如同有些学者指出的那样,成立校友会既可以提高学校的质量与声誉,也能够加强校友之间的联系,而且这个形式还是筹集办学资金的一种有效的方法。

2.3.2.5　高等教育个人投资收益

更为高级复杂的社会劳动一般是由受过高等教育的人来从事的,因为高等教育的接受者的产出效率,一般来说比未受过高等教育者更多,因此收入水平理应高于未受过高等教育的劳动者。高等教育对于个体的收益体现在不同教育程度间知识增量价值的经济差别和节省的消费支出。在其他条件不变的情况下,受高等教育个体的个人资金有效管理的能力,较之未受高等教育个体更强,从而使得各项支出的效益都更多。受教育者对消费支出成本减少的体会不像收入的增加那么明显,消费支出成本的减少可以视为收入的增加,但它只不过是隐性的和间接的。上述这几个方面,均可以看作是高等教育的接受者投资收益的构成。

另外,高等教育受教育者有着较好的职业技能和较大的职业动机,将有更多的发展机会与发展空间。高等教育的接受者具备更强的职业适应能力和工作技能,知识面广,综合素质高,能力全面,对于职业选择和理解能力更强。与未受过高等教育的人相比,高等教育的接受者离职和失业率较低(比如大学生相对高中生、中专生)。对他们来说,一般都有更好的职业岗位、更多的职务晋升机会和更大的发展空间。因此,高等教育的接受者有更好的发展前景,从而更有机会获得更高的收入。

除了上述几种主要的教育收益外,消费性的收益(有学者也称为非市场化的收益)也是高等教育投资个人收益的重要组成部分。非市场化的收益来源主要是由于高等教育使受教育者拥有的知识和能力,有利于推进全社会民主进程,提高自身社会地位,提升家庭生活质量。

2.4 民办高等教育投资及风险研究现状

2.4.1 国外相关研究状况

2.4.1.1 国外民办高校营利性的相关研究

民办教育整体来看属于营利性教育。私立性和职业性是营利性教育从出现时起就兼具的两大特点,这两个特点一直持续到如今。正是由于营利性教育的这两大特点,办学的层次也并没有在营利性学校的开办中加以区分,直到高等职业教育开始快速发展,才使得高等学校成为营利性高校具备的特点。正如 Perotti 所指出的那样,若没有营利性的存在,欧洲的职业教育不能快速发展,而若没有教育的高端演进,教育的营利性将会逐渐萎缩。由此,西方学术界主要是在私立教育和职业教育研究当中融入对营利性教育的研究,或者是将其体现在西方文化、教育历史发展进程的整体研究内,对其独立的研究和考察较为缺乏。近年来,对营利性高等学校的研究逐渐开展,而作为独立的领域开始研究,主要是与当今新一代营利性高校的崛起这个时代背景相关。

实际上,"营利性"教育从殖民时期就开始出现,这主要是由于生计的需要,以及以美国等西方文化为代表的教育准入制度。之后,"营利性"教育始终是西方国家重要的教育形式之一,尽管不被重视,却也不曾泯灭。西方学术界主要是在私立教育和职业教育研究当中融入对"营利性"教育的研究,或者是将其体现在西方文化、教育历史发展进程的整体研究内。同时,"营利性"问题最初只是被视为影响教育质量提高的因素,至于"营利性"对教育的组织结构、职能等方面的影响却涉及较少。近代以来,特别是当代营利性高等学校的迅速发展,"营利性"这个对营利性高等教育更为直接、更为明确的提法,逐渐被广泛地使用起来。

对早期"营利性"教育有所涉猎或研究的著者不少,比较有代表性的研究者如 C. M. Woodward(代表作为 *The Manual Training School*),Robert F. Seybolty(代表作为 *The Evening School in Colonial American*,*Source Studies in American Colonial Education:The Private School*)以及 Lawrence A. Cremin(代表作为 *American Education:The Colonial Experience*,1607—1783 和 *American Education:The Colonial Experience*,1783—1876)等,对营利性教育的早期形

态和作为做了相对比较详细的描述。A. C. Bolnio 在 *Career Education: Contributions to Economic Growth*（1973）中，对 20 世纪 70 年代之前的美国私立职业教育的历史和发展进行了考察。

2.4.1.2　国外关于民办高校投资的研究视角及进展状况

从世界整体学术界的研究来看，由于对营利性高校关注的时间不长，营利性高等学校作为专门的研究领域尚处于起步阶段，其研究成果还在原始的积累中。从发表在国外教育类期刊上的类似研究论文，以及相关的出版著作中可以看出，当前国外对营利性高校的研究主要集中在基本的概貌上。而在出现公开上市的营利性高校之后，对营利性高校的研究才开始逐渐走向深入，有些期刊文章也出现一些专题性的探讨。

首先，是从教学模式、政策环境角度对民办高校投资展开的研究。如 David Breneman 等人对美国 43 个州营利性高等学校的历史背景、教育模式、政策环境等方面进行了较为深入的探讨。Persson 等人研究了欧洲私立教育投资对其教育方式的影响，以及不同投资方对教育模式的诉求。这些学者认为，由于营利性高等学校提供者和捐赠者的参与，在进入新世纪后，异常激烈的竞争局面也出现在高等教育领域。这些市场式的竞争行为，不仅将影响到高等教育的日常管理，如教学计划和项目等，还影响到不同专业课程的成本价格。

其次，是基于营利与非营利性高等教育投资模式视角的比较研究。由于营利性与非营利性高等教育有着巨大的差异，许多学者对二者间投资模式也进行了比较。如 Poterba 分析了非营利教育的投资模式，并指出了它们与营利性教育投资有较大的不同，如投资方的压力相对较小，而社会性诉求较高等。Richard S. Ruch 从营利性高校的整体出发，根据自身的相关工作经验，对西方国家营利性高校的历史、种类、教学管理和经营投资方式进行了阐述，并总结出一些有代表性的营利性高校的成功经验。从整体上看，这些学者的研究始终贯穿着对传统非营利性高校与营利性高校投资模式的比较，在有关的比较研究中，显现出营利性高校投资的相关特点。这些学者认为，是否纳税是营利性高校与非营利性高校在投资方面的最基本区别。除此之外，还有其他方面的差别，如营利性高校的资金来源主要是私人资本，营利性高校的拥有者是投资人及股东，营利性高校的投资主要以获取利润为动机，营利性高校的教育活动主要不是知识的创造而是让学生学以致用，营利性高校投资增长的动力来自于教育市场，等等。

再次，是从营利性高校组织结构、决策方式等内部因素展开的研究。如 Gary A. Berg 等学者主要从历史、文化、组织结构和决策程序、教师特点等角度，对营利性高等学校投资情况以及影响因素进行了考察。Psacharopoulos

则对营利性高校的投资中领导者决策的影响和收益的关系进行了分析。综合上述学者的研究结论可以看出,营利性高等学校在教育史上处于相对边缘的地带,人们的关注程度较低,但由于经济社会的发展和投资数额的增长,在20世纪70年代(石油危机)之后,却给了这类营利性高校前所未有的发展机遇。在这一时期,营利性高校在很小的基数上快速地成长,它们提供的是公立和私立非营利性高校(贵族学校)不能或不屑提供的教育和职前培训,为少数民族、女性等弱势人群提供了极大的就学机会。另外,教育市场的需求给予营利性高校广阔的发展市场,也增加了相应的投资水平。这类营利性高校依照企业方式进行融资运作,注重教育产品和服务的成本及产出效率。在这种背景之下,营利性高校在经济和社会效益方面的卓有成效的表现,使之从边缘地带逐步趋向中心。

最后,是从营利性高校投资的市场取向角度研究。Sheila Slaughter 及 Larry L. Leslie 对高等教育领域投资的市场取向行为进行了研究,并从法律、政策和创业型大学的角度进行了描述,同时从市场机制、国家意志等方面和高等教育机构的关系角度,对高等教育如何进行市场化进行了剖析。Slaughter 和 Gary Roades 则从政治学的视角出发,对所谓的学术资本主义与新知识经济之间的关系进行了阐述。Tamura 也认为,在这种理念影响下,营利行为在传统高等学校中出现,而营利性高校也纷纷建立,并发挥重要作用。Frank Newman 等认为,在一系列环境变化的影响下,高等教育的投资体制要依赖市场机制在所难免,高等教育投资的市场化改革已经开始。哈佛大学前校长 Derek Bok 在《大学何价:高等教育商业化》中探讨了传统高等教育为什么要进行商业化,它们在商业化过程中的表现如何,同时有哪些利弊得失。他认为,可以将大学的产品品质(如教学质量)与近代任何普通的商业产品(如汽车、电脑和冰箱等)相比,可以看出,多数商业产品的质量都有着较为稳定而明显的持续提升,但是教育产品除了增加了某些周边的"花花草草",似乎永远在原地踏步,相应的教育投资模式也依然停留在20世纪甚至更早前的档次上。因此,他指出教育的投资模式改革应当借鉴商业的模式,针对高等教育投入产出质量,开发出新的投资评价模式。由此整体来看,上述学者认为,当前经济的发展与高等教育的投资水平之间的联系日益密切,可见,高等教育的市场化是在所难免的,此外,高等教育与市场结合的形式有多种多样,至于选择哪种样式,要根据各自的条件和背景进行识别。

现阶段虽然鲜有对营利性高校投资体制进行深入的专项研究,但与此相类似的研究已经有了一定的进展。如 Rutherford 在其博士论文中,以美国堪萨斯州的凤凰大学为案例,对教育价值在营利性高等教育投资评价体系中,与经济价值的矛盾及其平衡的相关形式进行了阐述。McClellan 在其博士论文中,则以美国五所上市高等教育企业为参照点,对营利性高校的校长(或称为教育组织的 CEO)的管理行为进行了调查和跟踪,以研究其对高等教育机构的执政行为与上市高校股价波动之间的联系,并以此为基础,对私立高校管理的模式对其融资的影响进行了研究。综合学者的研究成果可以看出,多数学者对高等教育进行市场取向的改革持肯定态度,同时,对已有的负面作用也多有涉及。而与理论界的宽容相对应的是,现实中基本上是排斥高等学校融资等市场行为的,多数被采访者认为大学的社会性与市场的结合是相矛盾的。

虽然各界对高等教育是否应市场化反映不一,仍然在争论高等教育投资引入商业运作方式的利弊得失,但现阶段研究界对引入市场手段管理非营利性高校的投资,已经基本没有异议了。研究者们所担心和争论的焦点主要是市场规范与学术规范融合的问题。在这种环境下,研究界对营利性高校投资的市场化改革有了进一步研究的动力,可以预见,对营利性高等学校投资的研究成果将会逐渐地深入。

2.4.2 国内相关研究状况

我国把教育经济学作为一门学科研究,尤其对于民办高等教育投资的研究,始于 20 世纪 90 年代初,并随着我国经济和教育的发展而不断完善。纵观二十余年的发展,我国教育经济学关于民办教育投资研究主要有以下方面。

2.4.2.1 民办高等教育的发展及投资办学模式的研究

对民办高等教育的发展及投资办学模式的研究,主要是从民办高等教育发展历程和投资发展的情况角度展开:一是对发展民办高等教育重要性与必要性论证与阐述。如王翎(2007)、徐孝(2006)、柯佑祥(2001)、罗晓华(2007)、蔡学辉(2014)、杨燕雄(2016)、李文章(2018)等人从我国高等教育的发展历程、民办高等教育地位与作用、社会发展需求、内涵扩张等几个方面,阐述了我国发展民办高等教育的重要意义。柳亮、胥青山(2004),刘兰平(2005),李旭(2010)、饶燕婷(2009)及王怡宁(2010)等人通过对比分析国内外民办高等教育的发展历程,肯定了我国发展民办高等教育的必要性。黄艳、王蕾(2008),陈婕、高霞莉(2008)和范跃进(2015),对如何发展民办高等教育进行研究。袁怡琴等对民办高等教育的办学定位问题进行了分析,并认为民办高等教育应该属于综合类高等教育。陈金秀等认为民办高等教育需要着眼于发展职业教育。潘懋元(2001,2007)、邬大光(2006)、胡大白(2009)和邹海霞(2016)等学者对我国民办高等教育的办学模式进行了系统的研究,并从投资主体、运作流程和管理模式等角度对我国民办高等教育进行了划分,认为我国民办教育大致可以划分为公有民助、民办公助、民有民办、校企联办等几种办学模式。这种划分有一定的代表性。

2.4.2.2 民办高等教育的投资主体和产权的研究

目前学术界关于民办高等教育"营利"性问题的研究存在一些争议。邬大光(2005),董圣足、王一涛(2009),石邦宏、王孙禺(2009),赵彦致(2010),鞠光宇(2009)和李钊(2009)等,基于经济学视角,结合民办高校发展中存在的问题,通过对民办高校的成本、利润等问题的分析,对我国民办高等教育投资主体等问题展开研究。另外一些学者如郑锋、王永哲(2010),许南(2009)、张宏博(2010)和黄腾(2016)重点对民办教育的产权问题进行了研究,他们的研究成果主要基于产权经济学和高等教育管理学的基本原理展开,并对我国民办高等教育产权及其制度安排提出了政策建议和具体对策。潘懋元(2001)、胡建华(2007)、董圣足(2008)、强连庆(2009)、李晓娟(2010)和王坤(2015)等研究者认为法制建设在民办高等教育发展中具有重要作用,认为应通过立法明确民办高校办学中一系列问题,处理好各个方面之间的关系。

2.4.2.3 民办高校内部投资管理体制和组织管理差异的研究

学术界对民办高校投资管理体制的研究,主要是从以下三个方面展开的。一是高校与政府之间的联系研究。目前学术界关于民办高等教育"营利"性问题的研究存在一些争议。如阎凤桥(2007)、刁玉华(2010)和秦惠民等(2015)对政府宏观调控与投资主体的微观管理和办学理念之间的关系等问题进行了研究。二是高校内部管理体制及各投资主体之间的管理情况。如苗庆红(2005),韩艳(2006),汪明义(2010)和刘峥、金会庆(2010)等人研究发现,"董事会-校长制"或"校务委员会-校长制",是我国民办高校采用较多的一种内部出资管理机制。三是关于民办高等教育内部管理的区域性差异研究。郭建(2004)、饶爱京(2006)、鲍威(2006)、余志祥(2007)和阎凤桥(2007)等对这一问题进行了研究。这些研究对上海、江苏、浙江等沿海发达地区和陕西、甘肃等西部欠发达地区的民办高校的内部管理的区域差异进行了论述,分析了民办高等教育发展的阶段性特点及其发展原因,并对存在的不足和未来的发展规划做出了论述。

2.4.2.4 民办高等教育投资办学的风险研究

关于民办高等教育投资风险的研究,最初集中于民办高校倒闭和退出机制等方面的研究,后来对投资风险予以分类,对投资风险的性质予以界定,多数从不同的角度进行了较为深入的分析。

首先,从社会认可程度和内部因素出发,分析民办高等教育的办学风险。典型的代表有周国平(2006)等,他们在对目前较多的民办高校倒闭的现象分析中,认为社会、政府乃至家庭对民办院校存在着认识上的偏见,存在着多余论(认为民办高校存在的必要性不大,是多余的,只要把公办学校办好就行了)、冲击论(认为举办民办高校冲击了公办高校,如就业等)、营利论(认为以办学之名行赚钱之实)、怀疑论(对民办高校持不信任态度,对其办学能力表示怀疑)以及过渡论(认为随着公办高校的发展,民办高校就没有存在的必要了),这"五论"的存在对于民办高等教育的可持续发展影响非常大,并从内部因素如办学质量、财务管理、规模扩张、环境认识及办学者个人素质等因素出发,对办学的风险进行了简洁的评论。

其次,在考察环境因素和民办高校自身因素的情况下,基于不同的研究方向,把风险进行分类,进而进行分析,给出对策。如金利娟等(2005)从内部风险和外部风险两个视角对教育投资风险给予界定,认为教育投资风险是一定的经济主体为了获取未来一定时期不确定的效益而将现期拥有的资源转化为教育资本,内部风险主要是项目投资、经营、教学和财务管理等风险,外部风险则为政策风险、法律风险、竞争风险和外部关系风险等。而李钊(2007,2009)从办学投资规模的扩张性、办学目标和结构的趋同性、资源配置的市场依赖性对民办高等教育的风险进行了较为深入的探讨,并把风险分为系统风险和非系统风险两大类。

最后,从需求角度来进行投资风险分析。如曾小军等(2009)从需求价格弹性角度进行分析,认为可以从差别化收费、定价对民办高等教育投资风险起到一定的降低作用。杨开明等(2008)从目前存在的民办高校与公办高校的竞争、民办高校之间的竞争出发,把民办高等教育投资风险分类为经济风险、政治风险、管理风险、经营风险、财务风险、生源风险以及竞争风险等几个方面进行较为详细的阐述。

2.4.2.5 民办高等教育投资机制问题的研究

第一,对于普通高等教育投资政策问题的研究。如唐斌(2008)及蒋海云(2005)等学者,对高等教育投资从主体多元化角度进行了分析。而陈晓红(2003)等则认为高校能够而且也可以进行股份制改造。张捷(2000)从融资角度提出高等教育应该发展公债的观点。周光强等(2002)、牟晓伟等(2014)以及胡健(2016),分别从不同视角就高等教育如何筹措资金问题进行研究,均认为高等教育应该从多方面进行筹融资。总体而言,高等教育投资问题研究,基本上多是集中在探讨高等教育如何进行多元化筹集资金,没有系统性的研究,而且也未形成理论。

第二,针对民办高等教育投资机制的研究。如冯军(2003)等人从投资角度对民办高等教育发展动因进行了探析。黄艳、王蕾(2008)则对我国民办高等教育的投资现状进行分析。陈婕、高霞莉(2008)等人对我国民办高等教育不同的发展阶段进行划分,并阐述其投资特征。袁怡琴(2006)通过对现阶段我国民办高等教育的定位问题研究后,进一步探讨民办高校投资的性质。袁利宁(2007)等对我国民办高等教育需求市场进行研究。马玉梅(2006)、宁本涛(2003)、史秋衡(2002)、陈秋苹(2003)、王树青(2017)等从民办高等教育产权角度,对民办高等教育投资政策、机制、分类管理等问题进行了分析。任芳(2007)等从投资模式、融资方式等方面对民办高等教育投资进行了研究。谭黎明(2016)从我国民办高校举办者权益保障角度进行了研究。陈文联(2018)选择营利性还是非营利性办学道路,对现有民办高校举办者而言,是一系列显性和隐性利益的重新分配和取舍。实际上,我国民办高等教育发展历史并不长,仅有30余年,因此,对于民办高等教育发展的相关研究相对较少,目前关于民办高等教育投资机制也不成熟,系统性较差。

2.5 国内外民办高等教育投资研究评述

民办高等教育投资的研究是一个比较新的研究领域,在较短时间内难以解决诸多的问题,许多的矛盾尚处在冲突演化之中,许多观点也难以得到学术界的一致认同,因而对其认识有待进一步地深入。从现有的文献来看,也还存在一些亟待改进和完善的方面,主要有以下几点:

首先,我国民办高等教育投资属性尚未准确界定。在现有的文献中,国内外学者对民办高等教育的研究大多数是针对其发展轨迹、发展特征的分析,将其局限于"非营利组织"的范畴之中(虽然有《中华人民共和国教育法》等相关法律规定的客观原因,但实践中民办高等教育投资办学的营利性特征非常明显)。整体上看,针对我国民办高等教育投资的研究较少。另外,现有的有关教育投资研究,或者关注整体的教育系统(既包括公办教育,又包括民办教育),或者局限于普通的企业等市场营利主体的投资研究框架,将民办高等教育的投资同公立教育及普通的企业投资看作是相似的和同质的,并没有基于民办高等教育相应的准公共物品特性,对教育投资开展系统研究。

其次,民办高等教育投资收益率测度的依据还不充分。现有教育投资营利性的研究成果,大多是将思维囿于企业、团队等市场营利主体的领域,对于教育投资成本(既包括公办教育,又包括民办教育)构成等方面局限于对其经济效益等方面的研究,具体着眼于民办高等教育投资社会效益的研究较少,对于在特定国家政策以及经济社会发展条件下,如何构建相应的基于经济和社会效益的民办教育投资效益评估指标体系还未得到广泛的关注,有待做进一步的深入探讨。已有的研究成果表明,民办高等教育具有私人物品和准公共物品的双重属性。民办高等教育的投资在满足自身生存和发展的前提下,对整个社会的贡献也是不容忽视的。因此,对民办高等教育投资的研究,不仅要审视其投资的经济收益率,还应关注其投资相应的社会收益程度,仅仅关注其中一点是不全面、不系统的,这些问题同时都是本书进行进一步研究的切入点。

最后,民办高等教育投资风险的研究,缺乏定量和精细分类的分析。现有的关于民办高等教育投资风险的研究非常少,有关的风险研究多数是基于对民办高等教育办学行为整体风险的定性分析,投资风险仅是其分析的一部分。即使从这部分研究来看,对于民办高等教育投资风险的研究更多的是从宏观角度进行分类,强调风险的存在和分类,而对于民办高等教育投资风险的成因、量化评估、投资运行监测以及相应的风险预警机制等方面的研究较为鲜见。实际上,对于投资风险存在的强调固然重要,但是对投资风险成因、评估、预警的研究对于我国民办高等教育扩大投资规模,优化投资结构更有价值。由此可见,现有关于民办高等教育投资风险的研究,难以满足学术发展以及民办高等教育主体实际操作的需要。由此也显示了本研究对其风险进行进一步研究的必要性。

从上述分析可以看出,虽然现阶段学术界对我国民办高校的投资问题开始关注,但是由于研究时间较短等原因,对民办高等教育投资收益率评估和收益率测度的依据尚不充分,对民办高等教育投资风险的研究缺乏定量的精确评价,对相应预警机制的构建研究也处于空白。对此,在前人研究基础上,有必要对民办高等教育的属性进一步研究,并给予正确的界定,分别从经济效益和社会效益两方面,确定民办高等教育投资收益率,同时为民办高等教育投资风险的评估提供依据和参照,并在此基础上建立相应的投资风险评估体系和预警机制,这些将是本研究的重点。

小　结

本章在学术界现有研究的基础上,界定了民办高等教育与民办高等教育投资的内涵,分析了民办高等教育行业属性与营利性特征,梳理了民办高等教育投资相关理论,总结了国内外民办高等教育投资及风险管理的研究现状。通过对国内外研究文献的跟踪与梳理发现,现有的成果对民办高等教育投资的关注不够,对民办高等教育投资收益评估、预警机制等方面的研究成果较少。同时,目前学术界对于一般营利性投资与民办高等教育投资的区分较为模糊甚至混淆。基于此,为全面评价我国民办高等教育的投资收益情况,本书的相关章节将按照"投资现状分析—投资收益评估—风险模型构建—投资环境预测—投资对策措施"的研究思路,对我国民办高等教育投资及风险管理进行深入研究。

3 我国民办高等教育发展与投资现状分析

3.1 我国民办高等教育发展历程和特征

3.1.1 我国民办高等教育发展历程

我国私学发展的历史悠久,但现代民办学校尤其是现代民办高校真正得到恢复与发展,是在20世纪80年代初,我国民办高等教育是在改革开放的大潮中与市场经济发展过程中逐步成长起来的,经过近40年的快速发展,它已经成为我国高等教育不可或缺的重要组成部分,并为我国高等教育体制的改革发展和开拓创新注入了新鲜活力。我国民办高等教育自20世纪兴起以来,大致经历了如下几个发展阶段。

3.1.1.1 民办高等教育办学地位的确立期

1982年3月,中华社会大学的成立是我国民办高等教育的新开端。1982年,《中华人民共和国宪法》中明确规定"国家企事业单位、集体经济组织和其他社会力量,依照法律规定具有举办各种教育资格",在法律上明确了社会力量办学的地位。1983年1月,中共中央书记处召开的第45次会议在讨论高等教育问题时提出"支持大型工矿企业、民主人士和新兴城市自办大学"。1983年4月,国务院批转国家教委、国家计委《关于加速发展高等教育的报告》的通知中指出:"大城市、经济发展较快的中等城市、大型企业可以根据发展的需要举办高等专科学校和短期职业大学,为本地区、本单位培养专门人才。此外,还要鼓励民主党派、群众团体和爱国人士举办这类学校。"可见,该阶段民办高等学校在我国的合法地位,已经以法律和国家政策的形式得以明确。

3.1.1.2 民办高等教育办学空间的伸缩期

1984年10月,党的十二届三中全会通过的《关于经济体制改革的决定》,打破了将计划经济与商品经济对立的观念,确立了我国的社会主义经济不是计划经济,而是以公有制为基础的有计划的商品经济。1987年党的十三大明确提出,我国社会主义初级阶段要大力发展有计划的商品经济体制,并且认为这是我国经济社会发展不可逾越的阶段,进一步确立了商品经济的地位。高等教育作为经济社会服务的重要领域,必然受到经济发展的冲击与影响。1985年5月,中共中央颁布《关于教育体制改革的决定》,该决定的出台成为民办高等教育发展的纲领性文件。该文件在教育管理体制改革和扩大高等教育办学自主权方面实现了重大突破,从把教育看作消费性事业到教育具有产业属性的认识,是对民办高等教育认识的深化,为不断拓展民办高校的发展空间提供了保证。这一时期,我国民办高等教育获得了较快的发展。但是,在民办高等教育办学过程中也出现了一系列的问题,甚至出现违法办学、乱发文凭和管理混乱等现象。为此,国家教委于1987年颁布了《关于社会力量办学的若干暂行规定》《社会力量办学财务管理暂行规定》等一系列文件,对民办教育领域进行了整顿。《关于社会力量办学的若干暂行规定》指出:"社会力量办学,应结合本地区经济建设和社会发展的实际需要,开展形式多样的教育,例如开展中小学教师资格培训、举办辅助学校和继续教育进修班、开展岗位技能培训、开展短期职业技术教育培训以及进行基础教育和社会、文化、生活教育培训等。"虽然这些政策对规范民办教育起了一定的作用,但是也对民办教育的办学范畴进行了较大的限制。在这一阶段,民办高等教育的生存空间与发展空间,以及学校的办学范围还是比较有限的,在某种程度上限制了民办高等教育的发展。

3.1.1.3 民办高等教育的高速发展期

1992年初,在邓小平南方谈话和党的十四大召开之后,政府进一步鼓励和支持民办教育的发展,先后出台了一系列支持民办教育发展的政策,我国民办教育进入了空前活跃和高速发展阶段。

1992年国家教委在其颁布的关于我国教育事业发展的十年规划和"八五"计划的文件中提出:要逐步建立起以政府办学为核心、社会各方共同参与、协同办学的民办教育办学体制,以满足社会经济发展日益增长的需要。1993年,中共中央和国务院颁布的《中国教育改革和发展纲要》进一步明确了政府为主、社会参与的民办教育办学体制,并提出了民办教育发展的十六字方针,即积极鼓励、大力扶持、正确引导、加强管理。1997年,国务院正式颁布了新中国成立以来第一个规范民办教育的法规条例——《社会力量办学条例》,这标志着我国民办高等教育进入了依法办学、依法管理的法制化发展新阶段。在有利的政策环境条件下,我国民办高等教育呈现出蓬勃发展的良好势头,民办高等教育机构数量不断扩大。相关数据显示,1991年我国民办高等教育机构共有450所,至1997年已经迅速增长至1252所,民办教育的发展领域和重点方向也逐渐清晰,主要为中、高等职业教育培训领域。

3.1.1.4　民办高等教育的全面发展期

党的十六大的召开,充分肯定并确立了民营经济在我国社会经济结构中的政治地位,民营经济开始步入一个崭新的历史发展阶段。1993年之后的十余年间,民营企业的快速发展,为民办教育发展积累了雄厚的经济实力,进一步促进了我国民办高等教育事业在法律政策环境、资金人员供给、市场需求等多方面的发展。2003年,我国正式颁布实施《民办教育促进法》,进一步完善了民办教育法律体系。在经济发展方面,相关统计数据显示,1993年至2002年,全国范围内登记的民营企业户数从23.79万增至243.53万,增长9倍;民营企业主人数从51.38万增至622.82万,增长11倍;民营企业注册资本金额从680.52亿元增至24 756.22亿元,增长35倍;缴纳税金金额由10.46亿元增至945.62亿元,增长89倍;民营企业吸纳就业人数从372.3万增至3 400.3万,增长8倍,这显示了民营经济强大的发展势头和厚实的经济基础的同时,也为民办高等教育提供了前所未有的强劲的发展动力。截至2015年年底,民营企业由2011年的967.68万户增长到1 908.23万户,接近翻番。全国登记个体工商户由2011年的3 756.47万户增长到5 407.92万户,增长43.96%。2015年10月1日,"三证合一""一照一码"登记制度改革全面实施,当年11月、12月全国新登记企业数量连创新高,分别达到46万户、51.2万户。截至2016年年底,民营企业吸纳就业人数3.1亿人,比2010年增加近1.5亿人。截至2017年,全国民办高校747所(含独立学院265所,成人高校1所),比上年增加5所。普通本专科招生175.37万人,比上年增加1.51万人,增长0.87%;在校生628.46万人,比上年增加12.25万人,增长1.99%。硕士研究生招生747人,在学研究生1 223人。另有民办的其他高等教育机构800所,各类注册学生74.47万人。

3.1.2　我国民办高等教育发展特征

随着改革开放的不断深入,特别是伴随着社会主义市场经济体制的确立和逐步完善,我国民办高等教育取得了令人欣慰的显著成就,2017年9月1日起施行的《中华人民共和国民办教育促进法》(以下简称《民办教育促进法》),以及随之出台的配套政策文件,对促进民办学校健康发展具有重要影响。这不仅扩大了教育资源总量,增加了教育选择机会,促进了教育投入体制改革、办学管理体制创新,增强了教育发展活力,而且在提高教育公共服务水平、满足人民群众多样化教育需求等方面发挥了积极作用,为实现教育事业的整体跨越,经济社会的发展进步做出了重要贡献。其总体发展呈现出以下几个方面的特征。

3.1.2.1 办学规模不断扩大

纵观我国民办高等教育发展历程,虽然历经多次调整,发展规模与数量有起伏,但从总体来看,30多年的发展积淀,使得我国民办高等学校的数量和在校生规模等指标方面已占有相当比例,且拥有一定实力。近几年民办高等教育发展情况如表3.1所示。

表3.1　2011—2017年民办高等教育发展情况统计

年份	民办高校(含独立院校)			民办非学历高等教育机构		合计	
	院校总数/所	独立院校数/所	学生数/万人	院校数/所	学生数/万人	院校数/所	学生数/万人
2011	689	309	505.07	830	88.14	1519	593.21
2012	707	303	533.18	823	82.82	1530	616
2013	718	292	557.52	802	87.99	1520	645.51
2014	728	283	587.15	799	88.30	1527	675.45
2015	734	275	610.90	813	77.74	1547	688.64
2016	742	266	634.05	813	75.56	1555	709.61
2017	747	266	628.46	800	74.47	1547	702.93

数据来源:教育部《全国教育事业发展统计公报》(2011—2017年)

3.1.2.2 办学模式丰富多样

民办教育格局多样化的第一个特征是办学类型多样化。民办高校呈现出多类型、多功能发展态势,在形式结构上包括:①民办普通高等学校,该类学校已获得国家正式批准且具备学历文凭的颁发资格;②公办普通高等学校的独立学院;③公办、民办联合办学的高等学校,主要面向自学考试和学位文凭助考;④国家合作办学高等学校,主要开展学历教育等。

民办教育格局多样化的第二个特征是办学形式多样化,主要表现为多渠道、多元化筹资模式和管理模式,主要形式包括:①民办民有;②民办公助;③公办民助;④公民合办;⑤中外合办等。民办高等教育办学类型多样化,一方面是在社会经济发展对人才类型多样化需求客观推动下的必然发

展;另一方面办学形式的多样化也在很大程度上满足了其自身发展的需要。民办高等教育办学形式的多样化标志着我国民办高等教育办学模型已由单一模式向多元化模式发展。

3.1.2.3 办学层次不断拓展

我国民办高等教育发展之初,其学科种类以传统学科和教学手段简单、办学成本低的应用性学科为主,很少涉猎投入大、成效慢、管理难的基础学科及理工类学科,发展空间十分有限。随着民办高校的逐步发展,特别是办学条件的逐步改善和办学实力的日益增强,我国民办高等教育的办学层次和办学水平逐步提高,学科结构不断拓展,"十一五"期间,一些具有创新性和前瞻性的民办高校举办者,突破了原有的发展空间,根据市场需求,在原有学科的基础上,增加了许多基础性学科和具有特色的理工类学科,逐步形成了自身的发展特色和优势,其中陕西的西京学院和南昌理工学院就是"十一五"期间发展起来的以工科为特色的两所民办高等本科学校。

3.1.2.4 办学质量有所提高

在政策环境大力支持、资金供给不断丰富、教育资源日益充足等各种有利条件的促进下,通过多年发展,我国多数民办高校的办学质量都有较大提升,办学实力雄厚、有特色、就业率高的民办高等学校也越来越多。相关数据显示,在普通民办高等学校中,办学质量较好的学校已经占到80%。与此同时,也应该看到,部分办学质量较差的民办高校也同样存在,需要从政策、资金、制度、管理等多方面对其进行引导,促进其加强财务管理,提高办学效益,使民办高校的办学质量和管理水平得到明显提升。

3.1.2.5 发展空间有待开拓

从全世界发达国家公立教育和私立教育发展情况来看,高等教育民营化已逐渐成为一种发展趋势(见表3.2)。在世界各国和地区高等教育呈现出大众化、规模化发展趋势和财政危机的作用下,民办或私立高等教育已逐渐成为满足高等教育增长需求的基本途径。目前,无论私立高等教育臻于成熟的发达国家和地区,还是民办教育处于发展阶段的发展中国家,都十分注重私立高等教育的发展,并采取了一系列有效措施,在民办教育发展方面努力实行积极发展战略,促使其健康快速发展。目前私立高等教育已成为公办高等教育的重要补充。据统计,全球私立高校的学生人数已占到世界大学生总数的30%,在美国,三分之二的私立大学排名位列百强;在日本、韩国、印度尼西亚、巴西等国的私立大学中就读的学生都占到了70%以上。目前,我国台湾地区私立大学中就读的学生占到了70%以上;而2010年大陆地区民办高校在校生仅占总数的17.34%,2017年民办高校在校生占总数的

16.63%,基本保持平衡。高等教育日益增长的需求与国家教育投入不足的矛盾日益突出,民办高等教育的补充作用和发展优势日益凸显,因而,大力发展民办高等教育,是我国普及高等教育、推进高等教育大众化进程的客观要求与必然选择。与世界发达国家和地区相比,我国民办高等教育学生数量很低,发展潜力巨大。我国民办高等教育在较短时间内取得较大的发展成绩,为我国高等教育事业的发展做出了重要的贡献,但我们必须意识到我国民办高等教育仍存在许多不足之处,仍有较大的发展潜力,发展空间有待于进一步开拓。

表3.2 部分国家和地区公立、私立高等教育比例

国家或地区		年份	高校总数/所	私立高校数/所	私立高校所占比例/%	高校在校生总数/万人	私立高校在校生/万人	私立高校在校生所占比例/%
中国	大陆	2010	2 491	1 769	44.1	2 867.83	497.28	17.34
		2017	2 631	747	28.39	3 779	628.46	16.63
	台湾	2001	154	101	65.6	90.64	58.81	64.88
日 本		2002	1 227	987	80.4	305.32	229.03	75.01
俄 罗 斯		2002	1 039	384	37.0	718.8	195.93	27.26
马来西亚		2002	728	712	97.8	57.69	28.00	48.50
印 尼		2000	1 932	1 808	93.6	62.83	44.63	71.04
韩 国		2000	1 013	819	80.8	260.57	203.93	78.20

资料来源:①潘懋元《中国民办高等教育前瞻》,《民办教育研究》,2005年第4期,第1—4页;②中国民办高等教育信息网(http://www.cnhei.com.cn);③2010、2017年全国教育事业发展统计公报

3.1.2.6 区域差距十分明显

主要表现在地区间差距较大,造成这种发展不平衡的主要原因是地区经济发展不平衡、政府对民办教育发展重视程度不同及各地政策扶持力度不同等因素。从高等教育机构布局来看,我国民办高等教育机构主要集中在经济发达的沿海城市和中部大中城市,这些城市地理位置优越、人口稠密、交通便利。以我国民办高等教育信息网提供的有关数据为例,2017年我国民办普通高等学校数量前7名的省份分别为江苏省、广东省、湖北省、山东省、福建省、河南省、浙江省、河北省和辽宁省。其中,江苏省位列第一,为50所;广东省位列第二,为48所;并列第7名的有浙江省、河北省和辽宁省,均

为 34 所。2017 年全国民办其他高等教育机构数量排名前 4 位的省市分别为北京市、山东省、上海市和广东省；2017 年全国民办本科院校共 128 所，排名前 4 位的省份分别是辽宁省（12 所）、山东省（11 所）、黑龙江省（10 所）、陕西省和河南省（各 9 所）。从发展水平来看，我国东部沿海地区诸如江苏、广东、浙江以及高校密集的北京、湖北等地的民办高校，其综合实力、办学水平和教育质量已基本接近公办高校；黑龙江省多策并举，为民办教育注入新活力，民办其他高等教育机构和民办普通本科高校数量位列全国第一。而西部地区，除西安等个别地区因高等教育资源密集发展较好外，总体发展迟缓，有待进一步开发提升。

3.2 我国民办高等教育投资模式及比较

3.2.1 我国民办高等教育投资发展的阶段

在我国，根据民办高等教育资金主要来源和发展情况，可以将其分为四个不同的阶段。

3.2.1.1 以学养学阶段

在民办教育发展早期，即 1984—1995 年，为以学养学阶段。这一阶段，我国民办高校的办学经费主要以收取学费为主，将逐渐累积的学费结余作为自身发展的资金。在当时高等教育需求不断扩大和公办高等教育资源日益紧张和不足的条件下，民办高校采取"以学养学"的发展方式，有着易启动、成本低、风险小、发展平稳的优势，有多少资金办多大规模。在这种模式下，民办高校呈现出两极分化局面：一部分民办高校由于办学质量优获得社会认可，生源越来越多，从而使发展资金得以保障，办学条件不断改善，规模日益扩大；而另外一部分民办高校，由于办学条件差，师资水平低、生源越来越少，从而缺少发展资金，逐渐被淘汰。在民办高等教育发展的早期阶段，"以学养学"模式是一种很好的起步方式，但是民办高等教育作为高等教育的重要补充，具有公益性的特点，既是一项投资性事业，同时也是一项消耗性事业。随着高等教育大众化进程的不断推进和人们对高等教育差异化需求的不断增强，客观上需要民办高校拓展办学类型、提高办学层次、提升办学质量，同时也需要投入更多的资金。而单纯依靠学费作为发展资金，显然无法满足其发展的需求。民办高校要获得进一步发展，需要更多的政策支撑和更多的资金支持。

3.2.1.2 投资办学阶段

随着民办高等教育的发展，一方面，民办高校开始不断地寻求资金来源;另一方面,一些资金充足的企业开始主动寻求新的投资方向,由此滋生出民办高校和企业联合办学的模式,即投资办学。投资办学将市场机制引入教育管理,解决了办学资金不足的问题,使民办高校办学资金得以满足,促进了民办教育的发展。与"以学养学"的民办高校发展方式不同,这类高校一般具有投入多、标准高、发展快、收益高的办学特点,硬件设施先进、教学条件较好、师资力量较强,其优越的办学条件容易吸引生源,办学效益较好。民办高校的投资主体多为单一投资主体,主要有国有大型企业、个体私营企业、乡镇企业或海外华人等,由于投资办学的投资人多以营利为目的,这也使得投资办学的民办高校在发展上容易受到多方面的限制,缺乏足够的办学自主权。

3.2.1.3 贷款办学阶段

为了既得到足够的办学资金,又有充足的办学自主权,民办高校在原有资本的基础上,开始引入银行贷款。陕西是贷款办学发展较早的省份,2000年高校扩招,陕西一些民办高职院校为了用较短的时间达到国家要求的高校设置标准,开始通过银行贷款获取资金,进而征地、建校、改善办学条件。从这一年开始,中国银行等国有银行开始向民办高校贷款。相关数据显示,陕西民办高校在银行的授信额度一度高达35亿元。贷款办学实际上是前两种办学形式的延伸,具有投入资金多、发展速度快、办学效益好的优点,同时在学校自身发展上也具有完全的自主权。但是,民办高校贷款也普遍存在贷款难度大、负债及还息压力大等问题。2010年开始,由于国家公办高校财政化债措施的出台,以及金融政策的调整,高校大规模银行贷款办学的方式已基本停止。

3.2.1.4 多元投资阶段

民办高校的发展,仅仅依靠单一的筹资渠道越来越难以满足学校发展要求。首先,国家对于民办高校收费有了更加规范的要求,设置了最高收费额度,一定程度上限制了学费上涨空间。其次,坚持对民办高校非营利性和营利性分类管理和公益导向的投资扶持政策,坚持教育公益属性,社会效益首位的原则,明确投资回报依据,积极引导社会力量和社会各界投资的积极性。最后,国家金融政策的调整,使得银行对民办高校贷款银根紧缩。因此,在一系列内外部环境因素的影响下,民办高校开始寻求多渠道融资途径,以筹集足够的发展基金,满足其规模扩张和质量提升的要求。显而易见,多元化筹资,有利于提升筹资的空间,但也同时存在筹资难、风险大的弊端。

3.2.2 我国民办高等教育投资的主要模式

目前,国内理论界基于不同的标准和条件,将我国民办高等教育的投资发展模式划分为以下四种类型。

3.2.2.1 基于投资主体的模式划分

基于投资主体,我国民办高等教育大致可分为如下几种办学模式(以广东省民办高校实际情况为例):一是民有民办模式,其资金来源为民间自筹资金,如白云职业技术学院和私立华联学院。二是公有民助模式,如南华工商学院,其投资主体和办学主体均为社会团体,即广东省总工会,可视为"公有";而办学的经费主要来源于学费,即为"民助"。三是民有公助,如广东培正学院,其投资主体主要为境外广大校友和热心人士,可视为"民有";其办学用地为政府无偿提供,可视为"公助"。四是校企联办,如光中大学松田学院和华南师范大学康大学院等。

3.2.2.2 基于组织性质的模式划分

非营利性高校和营利性高校是民办高校投资按组织形式划分的两种基本模式。营利性与非营利性民办高校分类管理是《国家中长期教育改革和发展规划纲要(2010—2020)》提出的明确要求,是促进民办高等教育健康可持续发展的前置条件,也是民办高等教育综合改革的突破口。分类管理对于破解民办高等教育瓶颈问题、改善民办高等教育发展环境具有重大意义。观念的更新、营利性的选择、产权的理顺和控制权的实质改变,是分类管理中的几个关键因素,涉及法人属性、产权属性、学校权利、会计制度、合理回报、优惠政策、政府监督等方面。在广东省,大多数民办高校为非营利性高校,这类高校的投资特点是:资金来源以社会捐赠资金为主,同时政府给予一定的政策优惠,例如广东培正学院,花都区政府在其建校之初为其无偿提供400亩建校用地,在其扩建征地过程中也给予了较大的政策优惠,由于这类高校获得社会和政府资助较多,因此基本上采取非营利性发展模式。还有一部分高校,以私立华联学院为代表,采取营利性发展模式,制定并实施了《私立华联学院股份制章程》,章程中规定:学校资产由团体或个人集资入股组成,实质股权分三类,即创办人股、法人基金股和普通股,股权初始比例为25%、30%和45%,全体股东享有平等股权,且利益共享、风险共担,学校每年都会发放一次股份红利。

3.2.2.3 基于举办者对投资回报和产权归属要求的模式划分

基于举办者对投资回报和产权归属的要求,民办高校可划分为如下三种类型。

第一,捐资奉献型。即举办者既不要回报,也不要产权。这种方式是放弃办学收益的分配,收费滚动发展,也放弃学校的最终产权。

第二,投资回报型。举办者既要求有一定的合理回报,也要求拥有学校最终的产权。

第三，出资保值型。一是举办者可以不要回报，但要求拥有学校的最终产权。二是投资者需要收回投入的成本和利息，并在一定时期内取得办学结余的收益分配，但放弃学校的最终产权。

捐资奉献型和出资保值型投资模式的民办高校属于非营利性，投资回报型模式的民办高校属于营利性。

3.2.2.4 基于投资运行机制的模式划分

第一，注入模式。即在民办高校发展过程中引入市场机制，通过吸收大型企业、集团或个人投资，获取民办高校发展的资金，然后通过良好的办学条件和高质量的办学水平赢得教育市场份额。注入式高校的发展和管理，大多采取企业化管理模式。民办高校获取的资金注入方式主要有企业投资方式、教育集团投资方式、股份合作方式及中外合作方式。注入式模式将教育资源和资本资源有机结合，有利于发展两者各自的优势，是适应我国当前高等教育和社会经济发展现状的主流运作模式。

第二，改制模式。即在保持原公办高校国有性的基础上，对其财产所有权和办学法人财产权实行改革，实现校、董分离，学校的运行管理实行董事会领导下的校长负责制。改制模式是市场经济体制下高等院校发展过程中的一种新的尝试，在实践中有许多成功案例，如浙江万里学院，它是在省属普通公办高校的基础上，进行管理模式和运行机制改革的一所新型高校，学校改制后，积极改善办学条件，努力提高教育质量，设法拓展办学空间，在未增加国家财政投入的情况下，通过收取学费，采取滚动发展的模式，取得了很好的经济效益和社会效益，被誉为中国特色现代大学制度的典范。

第三，附属模式。目前我国国有民办二级学院基本上都是这种模式。这种模式主要是在原公办高校（母体）的无形和有形资产的优势下（如图书馆、实验室、教室、设备等基础设施、学校声誉、师资力量、图书资源等），利用国家发展民办高校的优惠政策，建立独立于母体的民办二级学院，采用独立办学和市场化运行方式。国有民办二级学院是目前较为流行的民办高校类型，它能够较好地解决公办高校资源闲置、民办高校资金投入不足、办学条件有限的问题。目前，一些符合条件的独立学院，已经脱离母体，转变为独立的民办本科高校，如2011年经教育部批准，河南农业大学华豫学院更名为商丘学院，中南民族大学工商学院更名为武汉长江工商学院等；2015年，华中农业大学楚天学院更名为武汉设计工程学院等；2018年经教育部批准中国地质大学长城学院转设为保定理工学院等。

第四，滚动模式。在发展初期，民办高校多采取这种发展模式。但实践证明，单纯依靠收取学费维持学校运转和发展，无法满足其自身快速发展的需要,因此,这种模式不能代表民办高校发展的方向。

3.2.3 国外私立高等教育投资模式的比较

3.2.3.1 美国私立高等教育资金来源及构成分析

美国作为世界各国私立高等教育的典型代表,其私立高等教育具有重要的地位。多元化融资渠道和政府对私立高等教育的支持是美国私立高等教育迅速发展并在高等教育中占有重要地位的主要原因。美国私立高校的办学经费来源主要有学费收入、政府资助、社会捐赠、经营收入四种渠道。据 U.S. Department of Education 的数据,2009—2010 年美国高等教育的资金来源构成如表 3.3 所示。

表 3.3 2009—2010 年美国高等教育机构经费来源构成   %

性质	学费收入	联邦政府拨款	州政府拨款	地方政府拨款	私人捐赠、合同款	捐赠收入	销售及服务收入	其他来源
私立	43.0	13.8	1.9	0.6	8.8	4.7	21.9	5.3
公立	19.0	11.0	35.6	4.1	4.1	0.6	22.2	3.4

数据来源:Digest of Education Statistics 2010 U.S. Department of Education

从表 3.3 可以看出,学费是美国私立高等学校经费的主要来源,学费收入占总经费比重在 43%,但是美国私立高校学费收入占总经费比重远远低于我国民办高校的学费收入比重,我国民办高校的学费收入比重约占总经费收入的 90% 以上,这表明美国私立高校办学经费来源多元化,而我国民办高校办学经费来源单一。美国私立高校的销售与服务收入也是其收入的重要来源。近年来,美国私立高校的销售与服务收入约占到其总收入的 20%,是私立高校收入的重要来源,而我国民办高校的销售与服务收入所占比重非常低,主要是因为我国民办高校的办学层次相对较低,难以提供有竞争力的产品与服务。美国各级政府拨款也是私立高校办学经费的主要渠道,各级政府拨款占经费来源比重在 15% 以上,各级政府拨款比重远远高于我国各级政府对民办高校的投入比重,政府对民办高校的财政投入几乎为零。美国私立高校的私人捐赠、合同款、捐赠收入也是其办学经费来源的重要渠道,美国私立高校的各项捐赠收入约占其总经费收入的 13.5%,而我国民办高校的办学历史较短,知名度不高,社会公信力不是太强,尚未获得社会的充分认可,因此我国民办高校很难获得私人捐赠。

3.2.3.2 英国私立高等教育资金来源及构成分析

英国和美国同为西方发达国家,但在高等教育资金来源方面,却有很大的不同。概括而言,英国私立高等教育经费筹措途径,主要有公共基金、学费收入、其他收入等。2009—2010 年英国私立高等教育资金来源构成如表 3.4 所示。

表 3.4　2009—2010 年英国高等教育机构经费来源构成　　　　%

性质	学费收入	基本公共基金	研究基金	捐赠及投资回报	其他收入
私立	41.0	30.9	8.8	0.8	18.5
公立	21.0	48.9	9.5	1.6	19.0

数据来源:http://www.hesa.ac.uk

从表 3.4 可以看出,英国私立高校的经费来源主要有学费收入、公共基金(基本公共基金、研究基金)、其他收入(合同行为、销售服务等)。在英国私立高等教育学费收入只占其收入来源的 41%,远低于我国民办高校学费收入所占比例,英国大约 65% 的学生能得到全额的助学金,以维持日常生活费用。英国是世界上最早实行高等教育拨款基金制的国家,相关部门对私立高等教育的资助力度约占总经费比重的 40%,远高于我国各级政府对民办高校的财政拨款。英国私立高校所能获得的公共基金占其总经费的比重达 30% 以上,私立高校的研究基金占总经费比重约为 10%。随着经济的全球化和高等教育的国际化初露端倪,作为世界上高等教育发达国家,其接受国外留学生的收入也是私立高校收入的重要来源,英国各类高校的留学生收入高达 15 亿美元。

3.3　我国民办高等教育投资主体动因分析

3.3.1　政府对民办高等教育投资目的分析

经过近 40 年发展,我国民办高等教育取得了巨大的成绩,不论办学规模还是办学质量都有显著的提升,民办高等教育已经成为我国民办高等教育的重要组成部分。但是,我国民办高等教育与公办高等教育相比仍存在巨大差距,如办学层次与办学质量不高、社会认可度低、可持续发展能力不强等问题。造成这一现象的主要原因是民办高校的办学经费与公办高校相比明显不足,民办高校的办学经费来源单一,缺少必要的财政支持,经费的不足严重制约了民办高校的发展。民办高等教育作为一种准公益事业,具有准公共产品的性质,根据民办高等教育成本分担理论,应坚持"谁出资,谁受

益"的原则,民办高等教育的成本应该由民办高校的投资者、受教育者、政府、社会共同分担。研究表明,大部分国家民办高等教育经费来源于受教育者。政府作为民办高等教育的受益者,应该分担民办高等教育的成本,且政府分担民办高等教育成本,对民办高等教育投资有两种途径:一是直接投资,加大政府对民办高等教育的财政资助力度和税收优惠政策;二是可通过政策和法规引导其他投资主体加大对民办高校的投资。政府加大对民办高等教育的政策支持和资金扶持力度,不但能够为民办高校提供资金来源,还会带动其他投资主体加大对民办高等教育的投资力度,以确保民办高等教育办学资金的充裕。因此,政府对民办高等教育投资的扶持力度与扶持理论,会直接影响民办高等教育的发展和高等教育大众化进程。

政府作为民办高等教育的受益者与成本分担者,应加强对民办高等教育的经费支持力度。目前,我国政府对民办高等教育的投入力度较小,不利于调动民办高校投资主体投资的积极性,不利于实现民办高校与公办高校的平等竞争。发展民办高等教育应成为政府发展高等教育事业的有机组成部分,政府应给予民办高等教育必要的资金扶持和政策支持,可以通过税收优惠、低息贷款的发放等方式来进行资助。同时,在投资经费不能有效保证时,政府可以区分轻重缓急,以点带面,重点和优先支持办学特色鲜明的高水平民办高校。在资助的项目上,以教学改革和改善实验条件为主,从而能够有效地推动民办高校间的公平竞争,有利于促进民办高等教育整体办学质量的提高。

政府资助是发达国家民办高等教育经费的重要来源。目前,我国政府和社会对民办高等教育重要性的认识不断提高,但是由于财力有限,再加上对民办高校的资助政策可操作性不强,政府对民办高等教育的投资机制不完善,总体上看政府对民办高等教育的投入不足。政府投资民办高等教育不但可以扩大高等教育的发展规模,推进高等教育大众化的进程,而且可以达到政府提高国民素质的目的。

3.3.2 民办高等教育办学者投资目的分析

我国民办高等教育产生与发展,是在高等教育改革与高等教育投资制度变迁的背景下实现的。民办高等教育的产生与发展,适应了市场经济发展的要求,有效地缓解了高等教育的供求矛盾,我国民办高等教育的投资主体主要是有经济实力的个人、企业、事业单位和社会团体。

教育事业作为一种公益事业,是否允许教育领域出现营利机构,在我国民办教育分类管理制度实施之前,尽管没有法律上的"营利性"民办高校,或者说不少民办高校举办者未公开表示要求获取"合理回报",但众人皆知的事实是绝大多数民办高校举办者不但有投资寻利的内在动机,而且有或明或暗的营利行为和营利结果。在西方发达国家,政府允许一部分营利性教育机构的存在,比如美国在2000年共有可颁发学位的营利性高校677所,而不颁发学位的营利性高等教育机构更多,且营利性高等教育机构呈快速发展的势头。Rutherford经过研究发现,营利性高等教育已成为一个重要的全球现象。与国外民办高等教育相比,我国民办高等教育起步晚,发展历程较短,它是在高等教育大众化进程中产生与发展壮大的,其初期的创办经费基本上是由个人、企业和社会出资的,个人和组织的这种出资是一种投资行为而不属于捐赠,根据投资理论可知,投资人应获得一定的回报。但是,长期以来民办高校的营利性和非营利性界定不清晰、不明确,导致民办高等教育扶持政策和其他一系列相关制度规范的基本依据不足,对民办高等教育投资回报问题,一直未能给出明确的规定,这对提高办学者的投资积极性造成一定的影响。《民办教育促进法》的出台和2016年12月国务院印发的《关于鼓励社会力量兴办教育 促进民办教育健康发展的若干意见》,明确了办学者的责任与义务,民办高校的举办者可以自主选择设立非营利性或者营利性民办高校,为保障投资者的合法权益提供了依据,营利性民办高校的举办者可以取得办学收益。民办高校的办学者投资的目的主要体现在两个方面:一方面是提供高等教育服务,为社会培养人才,满足公众对高等教育的需要,具有公益性特征;另一方面是通过对民办高等教育的投资获得合理的收益,包括经济收益与社会收益。民办高等教育办学者的投资目的具有多样性特点,公益性与逐利性可以并行不悖。

3.3.3 民办高等教育捐赠者投资目的分析

捐赠是民办高等教育的重要来源,是指个人、营利或非营利组织向民办高等教育部门提供公共产品及服务的形式。对于捐赠者来说,他们并不能从对民办高等教育的捐赠中,取得直接的经济收益,但是他们仍有较强的动力实施捐赠行为,其原因主要有如下几点:

首先是政策性动因。我国政府为促进和提高民间办学的积极性,制定了相关政策,如减免税收(即对教育或其他社会公共福利事业的捐款部分可以免税),赋予荣誉等方式,鼓励企业和个人等捐赠主体,积极进行教育捐赠。

其次是社会性动因。社会人士从高等教育中没有直接获得收益,但是高等教育的发展有利于国家的政治稳定、经济发展和文化繁荣等,社会人士从社会收益上讲,也能够获得较高的回报,因此,社会力量也有动力成为高等教育成本的分担者与补偿者。

最后是心理性动因。我国有重视教育的历史传统,社会对捐赠者的认同程度较高,同时个人对捐赠行为也有较高的心理满足感。对捐赠主体来说,通过对高等教育的捐赠,能够实现人生目标的更高追求,能够得到更大的满足感和幸福感,这也是捐赠者实施捐赠行为的一个重要的动因。

3.3.4 家庭对民办高等教育的投资目的分析

家庭是人类再生产的基本单位,家庭、学校、社会共同构成劳动力再生产体系。劳动力的再生产成本包括子女后代的抚养与教育费用。教育是家庭的重要功能,学生是没有收入能力的群体,需要由学生负担的教育成本实际是由家庭负担的,因此家庭关系、家庭与社区、家庭的人口结构与负担能力,都对民办高等教育投资产生影响。总的来说主要有以下原因:

首先,高等教育对子女发展是十分有利的。为人父母总是把子女的成长和发展作为自己的头等大事,所以,父母总是尽最大努力为子女接受良好的教育进行投资。

其次,高等教育是一种投资,可以期望将来投身工作后得到超过投资的回报,同时,父母对子女进行教育支出是一种社会责任。为子女进行教育投入,这是社会伦理道德的要求,只要子女要求,社会压力都会促使父母尽最大可能为子女进行教育投资,如果违背这样的社会习惯,就会受到社会舆论的谴责。

最后,为子女进行高等教育投资,父母可以获得心理满足。子女通过竞争获得接受高等教育的机会,子女和父母都有成就感,使父母得到感情和心理的愉悦。在我国传统文化中,"母以子贵",子女能出人头地是父母的最大骄傲和宽慰,能使父母在人际交往中受到尊敬,社会地位得到提高。

3.4 我国民办高等教育投资现状及存在的问题

3.4.1 我国民办高等教育的投资规模分析

民办高校教育经费可分为财政性和非财政性两部分。财政性经费为各级政府征收进行教育投资的税费和公共财政预算内拨款。非财政性经费则主要为学杂费收入、企业投资、社会投资、个人投资、社会捐赠、事业收入、企业办学教育经费、校办产业、勤工俭学和社会服务收入、其他收入等。对于民办高等教育来说,可依赖的国家财政性教育经费很少,更多的是借助非财政性教育经费来生存和发展。

近年来,随着科教兴国和人才强国战略决策的实施,社会各界普遍认为发展民办高等教育意义重大。国家也陆续修订和出台了一系列政策和法律法规,对民办高校投资、办学、发展和管理予以引导和规范,这些政策的实施有力地促进了民办高校的健康有序发展。特别是在政策支持下,我国民办高等教育经费呈现出不断增长的良好势头(见表3.5和图3.1)。

表3.5　2006—2016年我国民办高等教育的收支情况

年份	收入/亿元	收入增长率/%	支出/亿元	支出增长率/%
2006	300.72	—	281.54	—
2007	342.68	13.95	328.43	16.65
2008	436.25	27.31	393.93	19.94
2009	510.91	17.11	452.34	14.83
2010	570.26	11.62	547.71	21.08
2011	646.41	13.35	608.94	11.18
2012	695.83	7.65	676.46	11.09
2013	780.51	12.17	761.56	12.58
2014	829.17	6.23	742.53	−2.50
2015	925.60	11.63	820.34	10.48
2016	1024.36	10.67	927.02	13.00

说明:①资料来源于《中国教育统计年鉴》(2007—2017年);②金额以不变价格计算

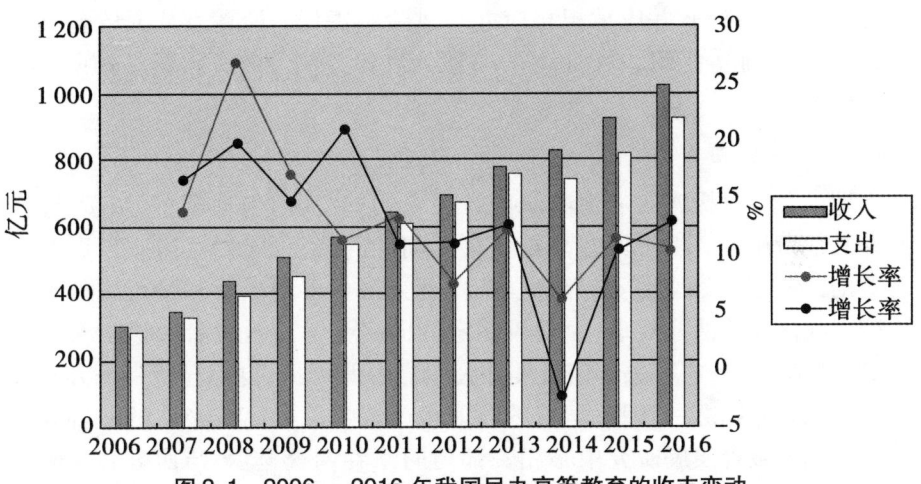

图3.1　2006—2016年我国民办高等教育的收支变动

由表3.5及图3.1分析可得,2010年之后,我国民办教育投资总量增幅明显,并且与国民生产总值和国民收入呈正相关。即使剔除通货膨胀影响,民办教育投资总量和增幅仍十分可观。这一系列数据可以看出"十二五"期间,我国民办高校的收入一直在稳健增长,增幅都达到10%以上,个别年间可能受到社会环境、学生人口、自然灾害等客观因素的影响增幅有所减退,但总体来讲,还是呈上升状态。这一方面反映出我国政府及社会,对民办高等教育的基础性作用的认识有所提高,越来越重视高等教育;另一方面也表明,我国社会经济的蓬勃发展和高等教育大规模扩招,为民办高校的发展创造了有利条件。尽管如此,我国民办高校经费投入水平同先进国家相比仍显不足,各投资主体的投资比例与投资结构也不平衡,在很大程度上制约了高等教育的均衡发展。要解决该问题,则需要政府部门、民办高校和社会各界的共同努力,不断加大民办高等教育投资,拓展多渠道筹集资金的机制、优化资本结构,为其提供充足、可靠的资金支持,从而加快高等教育大众化目标的实现。

3.4.2 我国民办高等教育的投资结构分析

民办高等教育与公办高等教育不同,它无法依赖国家的教育财政支持。因此,需要各投资主体,多元化投入资金。一般来说,当前我国民办高校的投资结构,主要由以下几个方面构成。

3.4.2.1 举办者投入

即由学校的主要发起人投资。我国相关法律规定,经审批机关批准的社会组织或者个人以有形资产(资金、土地、设备等)或无形资产投资,投资部分不可单独撤销,并应承担相应办学风险和责任。所谓发起人既包括个人,也包括企业等组织。目前,举办者投入在民办高等教育投资结构中占有重要地位。

3.4.2.2 学杂费

即高等教育机构向学生收取的各项费用的统称,包括学费、杂费、住宿费及其他费用等。由于民办高校具有营利性的特点,难以获得政府财政经费资助,绝大部分民办高校都将学杂费视为最主要的融资和最可靠的经费保障。我国相关法律规定,由学校制定的向接受学历教育者收取的费用项目和收费标准,应报有关部门批准并公示。由此可见,自筹经费是民办高校融资的法定原则之一,因此学费的收取也就成了民办高校必然的一种融资途径。国家教育发展研究中心相关部门的问卷调查显示,与西方私立学校的经费有很大程度来自社会捐赠和政府补助有所不同,目前,我国民办高等院校的资产来源,主要靠学费的积累。当然,这也是由我国的国情决定的。由此看来,学费的收取为我国民办高等院校的生存与发展,提供了极为重要的前提和保障。

3.4.2.3 财政资助

我国相关教育法规规定,民办教育事业属于公益性事业的一部分。鼓励民办高校举办者分类选择,政府支持民办高校这一公益事业的发展是理所应当的,政府建立差别化政策体系,使非营利性民办高校可以享受与公办高校同等的税收优惠和用地政策,还可以享受政府补贴、基金奖励、捐资激励等扶持措施。虽然政府对民办高校经费资助的力度还相对较小,但不能否认它也是民办高校重要的资金来源渠道之一。

政府给予民办高校一定的财政拨款,一方面可以缓解民办高校办学的资金压力,降低学生学费负担;另一方面有利于其集中精力加强教学管理,改善办学条件,提高教学质量,保证教育机会的公平化,从而体现教育的公益性和社会性。政府可以采取多种方式来资助民办高校,如可以直接采取现金的方式,也可以通过相应的税收优惠,或者低价提供教育用地,提供低息贷款,提供教学所需的图书、仪器设备等,还可以通过对第三方(困难学生)的学费贷款及贴息的资助,减小学校催缴学费、困难学生欠缴学费的压力,同样起到支持和促进民办高等教育发展的作用。总之,政府作为发展高等教育的核心主体,应通过政策支持、财政资助、专项补贴等方式,为民办高校的发展提供必要的政策支持和资金资助。

3.4.2.4 银行贷款

经济发展离不开融资,融资又离不开相应的商业贷款。如此一来,在我国民办高校发展过程中,银行贷款的获取也就成了教育融资多元化的一种有效方式。有关数据显示,在民办高校教育资本结构中,银行贷款约为5%。特别是在金融环境较为宽松的时期,将银行贷款作为发展资金,改善办学条件、扩大学校规模,已成为民办高校多渠道筹措资金的一种重要方式。

3.4.2.5 社会捐赠

社会捐赠是指公司、企业、个人或非营利组织向民办高校无偿提供资金、物品及服务的一种资助方式。近些年,许多私人公司、民办企业以及成功人士都乐于投资教育事业,从而使社会捐赠成为民办高校教育发展的重要支撑点。

3.4.2.6 校办产业

在国家许可范围内,民办高校可以发挥人才、设备等自身优势,扩大服务范围,实现校办企业合理盈利,筹措更多发展资金。现阶段,我国许多发展态势较好的民办高校,都采取"产学研"一体化方式,建超市、办企业,走"以产养学"的发展模式,开辟出一条发展民办高校的成功之路。

3.4.2.7 发展基金

一般来说,民办高等教育的发展基金主要来源于政府、家庭、校友和社会的捐资,由专门的办事机构管理和运作。它可以利用学校的声誉和信用广泛吸收社会资金,可以将小额资金积聚,扩大边际效益,但同时必须采取稳妥策略,在原始资金保值的基础上使其增值,并且只有增值的那部分资金才可用于民办高校的发展。因此,从数额上看,这种发展基金有限,还需要相关政策的支持,也需要加大宣传力度,加强学校与社会的联系,提高公民投资民办高等教育的参与度,争取国内外团体和个人的支持与捐助。2006—2016年我国民办教育投资结构的演变如表3.6所示。

表3.6　2006—2016年我国民办教育投资结构的演变　　　　%

年度	学费	杂费	捐赠	校内产业	贷款	财政	其他
2006	80.6	10.7	1.1	0.9	3.2	2.1	1.5
2007	77.6	11.4	1.6	1.0	3.8	2.6	1.8
2008	75.4	13.9	1.7	1.2	4.2	2.5	1.2
2009	76.9	11.8	1.9	2.4	3.9	2.1	1.1
2010	84.5	4.1	0.2	0.1	3.1	4.7	1.5
2011	80.8	3.8	0.3	0.1	—	6.7	2.6
2012	81.1	5.1	0.2	0.1	—	7.5	2.0
2013	76.2	6.2	0.4	0.2	—	8.7	3.2
2014	78.4	7.2	0.2	—	—	9.7	2.5
2015	74.9	8.0	0.4	—	—	10.1	3.6
2016	73.0	7.7	0.3	—	—	11.6	2.8

资料来源:《中国教育经费统计年鉴》(2007—2017年)

从表3.6可知,2006年到2016年间,学费在我国民办教育投资结构中的比例逐渐下降,由2006年的80.6%下降为2016年的73%。捐赠收入由2006年占民办教育总投资的1.1%下降至2016年的0.3%,2010年以来,基本在0.3%左右浮动。而美国私立大学学费收入占教育经费的比例为30%~40%,日本私立学校学费收入占教育经费的比例为40%~50%;美国私立大学的社会捐助收入可以达到13%~20%,日本私立大学的社会捐助收入可达到5%~10%。[①]除学费和捐赠之外,财政的投资来源则在民办教育投资结构中呈逐渐上升的势态,如财政投入由2006年占民办教育总投资的3.2%上升至2016年的11.6%。由此可以看出,随着经济社会的快速发展,我国民办高等教育投资逐渐受到政府重视,并呈现出日益多元化的趋势,这也显示我国民办高等教育投资结构的合理性逐渐提高。然而,另一方面也可以看出,虽然民办高等教育投资结构日趋完善,但是,从总体上看,依然没有摆脱以学费、杂费为主的投资结构特征。如2016年学费与杂费共占民办教育总投资的80.7%,虽然与2006年的91.3%相比有所下降,但是相

---

① 陈舒:《国外私立高校经费筹措经验借鉴》,《合作经济与科技》,2015年第8期,第38-39页。

较于其他的投资来源仍显得过高,这在一定程度上说明了我国民办高等教育投资结构的整体态势。

3.4.3 我国民办高校投资存在的问题

3.4.3.1 资金来源渠道单一

现阶段,公办高等教育的融资渠道已经呈现出多样化的趋势。相比之下,民办高校经费的融资渠道却较为单一,其融资主要依靠学费和相应的杂费。根据相关的研究,目前我国的民办高校办学主要靠学费来支撑,教育投资结构的多元性不足,除了作为主要来源的学费收入外,其他收入来源如社会捐赠、政府资助、校办产业等非常有限,并且持续性较差。厦门大学邬大光教授于2000年对我国部分民办高校的资金来源做了一个调查分析,从中我们对民办高校的经费收入可见一斑。(如表3.7所示)

表3.7 2000年我国部分民办高校学费收入占总收入的比例 %

学校名称	比例	学校名称	比例
北京中新企业管理学院		湖北函授大学	
广州岭南职业技术学院		西安东方亚太学院	90
中国科技经营管理大学		黑龙江东方学院	
厦门华夏学院		上海东海职业技术学院	86.9
西安欧亚学院		邕江大学	
江西民办蓝天职业技术学院		海淀走读大学	85
西安翻译学院	100	南华工商学院(广东)	
杉达学院(上海)		新侨职业技术学院	
宁波大学科技学院		山东万杰医学高等专科学校	80
西安外事学院		福建华南女子学院	
福建育青职业技术学院		黑龙江东亚大学	75
培正商学院(广东)		宁夏石嘴子职业技术学院	
郑州大学升达经贸管理学院		吉林华侨外语职业学院	70
黄河科技学院		明达职业技术学院(江苏)	
三江学院	95	天狮职业技术学院	60
浙江大学城市学院		北京吉利大学	50

资料来源:邬大光《中国民办高等教育发展状况分析》,《教育发展研究》,2001年第7期,第25页

2009年国家教育相关部门调查结果显示,学费和杂费两项收入占民办教育经费总收入的91.2%,其他收入仅有不到9%,相对较小。其中校办产业占1.0%,贷款占4.4%,其他收入占3.4%。

3.4.3.2 银行贷款举步维艰

由于民办高校在整个教育体系和经济体系中的特殊性,当前我国商业银行对民办高校的贷款条件要求较为苛刻,贷款过程也较为烦琐。首先,就已获贷款的民办高校来看,所获得的贷款多是短期贷款,长期贷款(五年期以上的贷款)很少;其次,从民办高校贷款的形式来看,主要是以保证贷款和质押贷款为主,国有大型企业常用的信用贷款较为少见;最后,从民办高校贷款种类来看,贷款的主要形式是流动资金贷款,扩建高校亟须的固定资产投资贷款非常少。可见,民办高校每新增一笔贷款都需要花费很大的精力,都需要提供相应的担保或是相关的保证,这些也都需要与银行进行"软"体制的交流,这样,实际上增加了民办高等学校的财务费用,民办高校存在不同程度的风险隐患。2001年我国部分民办高校贷款情况如表3.8所示。

表3.8 2001年我国部分民办高校贷款情况统计　　　　万元

学校名称	贷款额度	贷款形式	备注
江西大宇专修学院	2 000	抵押	
江西财经理工专修学院	870	抵押	
湖南涉外经济学院	5 000	抵押、信用	2001年第一次拿到信用贷款350万,为湖南省首家
江西航天专修学院	无		经费充裕
黑龙江东亚大学	无		经费充裕
江苏三江学院	5 000		
黑龙江东方学院			银行不贷
西安欧亚学院	4 500	抵押	
西安亚太学院	1 000	信用	陕西首家
西安翻译学院	4 000	抵押	
西安外事学院	3 500	信用	1994年担保贷款;1998年抵押贷款;2001年信用贷款
湖北长江职业学院	550	抵押	
广州白云职业学院	200	担保贷款	

资料来源:邬大光《中国民办高等教育发展状况分析》,《教育发展研究》,2001年第7期,第26页

3.4.3.3 社会捐赠比例偏小

从国际视角看,社会捐赠是国外私立大学的重要资金来源,甚至是主要资金来源。而对于我国民办高等院校来说,其办学发展资金难以有效地依赖社会的捐赠,一方面,国家对捐赠行为激励不足,社会捐赠的资金额度较小,难以满足办学的需求;另一方面,社会捐赠多数是以实物的形式为主,所捐物品有可能并不是学校发展所必需的,而且所捐赠的价值也无法与国内公办高校同日而语。有关部门统计显示,2010年我国民办高校所接受的社会捐赠仅占民办高等教育机构资产来源的2.3%,与美国私立高校13.5%相比,所占比例偏低。

西南大学杨丽在其硕士论文中,对江苏、上海、浙江三地较有表征性的10所民办高校近几年所利用和接受社会捐赠的有关情况进行了调查,其结果如表3.9所示。从表3.9可知,一方面,各个民办高校的受赠数量较少,且持续性不强;另一方面,获得捐赠的最主要途径,大多数局限于学校领导人的个人影响力。同时,调查还显示,这10所民办高校均没有设立专门的机构进行捐赠活动运作和受捐资金的管理,在很大程度上影响了捐赠活动的开展和捐赠规模的扩大。

表3.9 江浙沪三地部分高校捐赠情况统计

民办高校所在地域	捐赠形式、价值	捐赠者	管理机构	主动捐赠
江苏	设备、现金	企业、国外高校	有	是
江苏	图书、5万助学金	社会人士、本校职工	无	无
江苏	4万册图书、8万奖学金	本校职工、社会组织、校友	无	无
浙江	960万元人民币、170万日元等	台湾同胞、国际友人等	无	无
浙江	土地		无	无
上海	百册图书	校内职工	无	无
上海	300册图书	社会组织	无	无
上海	7万套旧图书、一套设备	其他公办高校、社会组织	无	无
上海	2万旧图书等	其他公办高校、社会组织、校友	无	无
上海	土地、设备、图书,价值1.2亿	香港同胞、企业、国外高校	无	是

资料来源:杨丽《我国民办高校多元化融资问题与对策研究》,西南大学硕士论文,2008年

3.4.3.4 政府投入机制不畅

发达国家民办高校的重要经费来源是各级政府的财政资助,政府资助实际上也是国家调节民办高等教育发展的杠杆。现阶段,由于财政资金不足和对民办高校公私属性等问题的认识所限,政府对民办高校的投入机制不顺畅,财政资助民办高校发展这一有效途径,还存在一定的障碍。由表3.10和图3.2可以看出,2006年到2016年这一段时间,虽然财政拨款的额度逐年增加,已由2000年的1.24亿元增至2010年的14.4亿元,增长了11倍还多,但是,相对于我国民办高等教育的整体投入仍然偏低,所占比例常年低于2.5%,与国外超过30%的比例相比有很大的差距。由此说明,政府对民办高等教育的资助相对较少。

表3.10 2006—2016年我国民办高等教育办学经费的收入情况

年度	经费投入/亿元	财政拨款/亿元	所占比例/%
2006	295.9	6.2	2.1
2007	342.7	8.9	2.6
2008	436.3	10.9	2.5
2009	510.9	10.7	2.1
2010	598.3	14.4	2.4
2011	646.4	43.2	6.7
2012	695.8	52.2	7.5
2013	780.5	68.1	8.7
2014	829.2	80.1	9.7
2015	925.6	93.1	10.1
2016	1 024.4	118.9	11.6

资料来源:《中国教育统计年鉴》(2007—2017年)

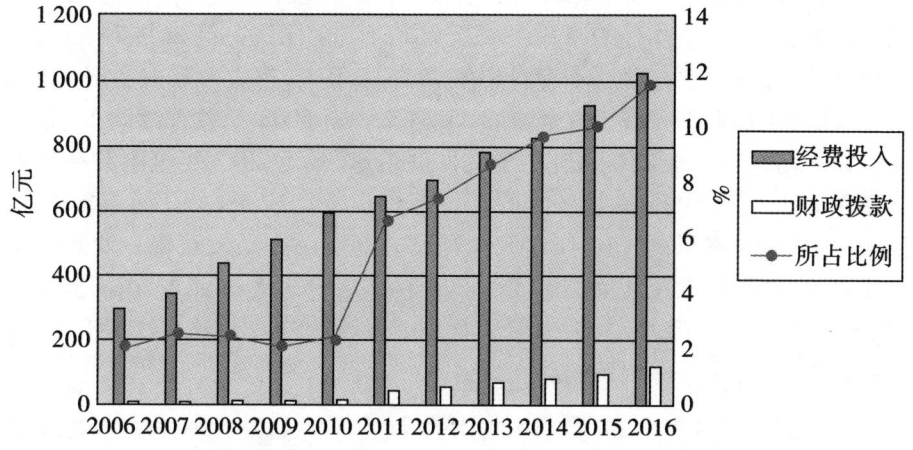

图 3.2 2006—2016 年我国民办高等教育办学经费结构

3.4.3.5 学费上涨空间有限

我国民办高教机构经费的主要来源是向被教育者收取的学费,《2007 中国民办高校评价研究报告》的相关数据显示,2006—2007 学年独立学院本科人均学费文科约为 12 034 元,理科约为 12 217 元。民办大学人均学费相对低些,相关数据显示,文科 10 500 元,理科 11 100 元;专科人均学费文科为 7 500 元,理科为 7 600 元。由此可见,民办高等教育的人均学费远远高于公办大学,是普通高校的两倍左右。《2007 中国民办高校评价研究报告》还表明,我国民办高校学费最高的是艺术设计类专业,据统计,最高可达 26 000 元,这样算下来,4 年本科教育仅学费就高达 10.4 万元。除此之外,热门专业如计算机、英语、电子信息和经济管理等学费也较高。

从以上的数据可以看出,民办高校收费是一把"双刃剑",收费太低,投入太少,教育教学质量难以保证。反之,如果收费过高,学生的家庭难以承受,社会也难以认同。民办高校的学费水平实际上已经超出了受教育者的承受能力,学费已经难以持续上涨。民办高校为争夺生源和应对市场的竞争,要么不断扩张学校规模,寻求规模收益,要么减少经费投入,"开源节流",以牺牲教育的质量为代价。这些均不是长久之计,从长期来看,过分依赖学费的发展模式将难以维系。因此,民办高校迫切需要打破这种相对单一的投资结构。

3.4.3.6 结构性供需矛盾日益突出

随着我国经济社会的发展和市场经济的确立以及知识经济时代的挑战,高等教育发展的不同阶段,民办高等教育的办学类型和比例结构也在不断调整,目前形成了民办高校、独立学院、高职院校、民办其他高等教育机构、成人高校多类型并存的格局。截至 2017 年,全国民办高校共 747 所,其中民办成人高校 2 所,普通本专科招生 175.37 万人,招生人数占全国的 23.43%,在校生 628.46 万人,占全国的 23.31%。自 2008 年教育部颁布《独立学院设置与管理办法》以来,独立学院发展迅速,截至 2017 年全国共举办独立学院 265 所,其中排在前三位的是江苏(50 所)、广东(48 所)、湖北(42 所)。民办普通本科高校达 424 所,全国已有 6 所民办高校获得专业研究生招生资格,高职高专及其他 1147 所,形成了种类齐全、专本并重、内涵提升之势,改变了民办高校以专科为主的局面,民办高校的办学层次再次提升。

3.4.3.7 区域性供求不平衡问题严重

民办高校的区域分布、数量和规模发展不平衡。究其原因主要受经济发展、教育资源、制度环境及激励机制的影响。首先,由于我国区域经济发展不平衡,经济社会整体发展水平东部沿海好于中西部地区。因而,东部地区的浙江、山东、广东、福建及江苏等省份经济发达,民办高校相对集中,而经济比较落后的西部几个省份,民办高校发展则相对滞后。其次,高等教育资源具有稀缺性和社会性的特点,高校聚集、师资力量雄厚的北京、湖北及人口资源丰富的河南省等,具有生源充沛,人才、科技、信息资源丰富的优势,民办高校发展空间较大,办学成本相对较小。此外,国家和地方政府对民办高校的支持力度、优惠举措及举办者的自我发展激励,使得当今的民办高校呈现办学模式多样化、办学主体多样性的特点,形成了自己的品牌和优势地位,办学特色凸显,办学模式灵活,个性特征鲜明,如西安模式、广东模式等,具有一定的借鉴意义。

小 结

本章详细回顾了我国民办高等教育的发展历程和发展特征,并结合相关的统计资料,分析了我国民办高校的投资发展历程,总结了我国民办高等教育主要的投资模式,剖析了美国和英国私立高校多元化的办学经费筹措模式,从投资规模和投资结构两方面,分析了当前我国民办高等教育的投资现状。通过分析发现:①我国民办高等教育发展经历了"办学地位确立期→办学空间伸缩期→高速发展期→全面调整期"等几个阶段,并呈现出"办学规模不断扩大、办学模式日益多样、办学层次不断拓展、办学质量不断提高"的发展特征。②我国民办高校与国外发达国家相比,尚未建立多元化的融资渠道,办学资金来源单一,办学资金主要依靠学杂费收入;我国政府对民办高校的财政投入远远低于国外发达国家,国内尚未建立和形成对民办高校的捐赠制度和捐赠氛围,民办高校获得的社会捐赠微乎其微;我国民办高校面临学费上涨空间有限、银行贷款难的困境,存在结构性供求矛盾和区域发展不平衡的问题。③我国民办高校还存在投资主体的经费负担结构不甚合理,投资主体的投资收益不十分明确等问题。基于此,本研究在随后的章节中,将从投资成本与收益的视角出发,分析我国民办高等教育的投资收益状况,科学测算我国民办高校的投资收益率,并对民办高校投资风险进行测度,为我国民办高校健康、可持续发展提供指导和理论支撑。

4

我国民办高等教育投资收益率测度及投资效益评价研究

我国《民办教育促进法》规定,民办学校出资人可从办学结余中获得合理的回报,这使得民办高校的出资者获得合理回报从法律角度得以确立。资本的逐利性特征决定了投资者对民办高等教育的投资也具有逐利性,民办高等教育投资须获得合理的回报。如何确定民办高等教育的投资收益率和科学评价我国民办高等教育的投资效益,成为民办高等教育研究中亟须解决的重要问题。本章将在我国民办高等教育成本-收益分析的基础上,构建民办高等教育投资收益率测度模型和民办高等教育投资效益评价体系,以期完善我国民办高等教育投资收益率测算与投资效益评价方法体系,为合理测算我国民办高校投资收益率和科学分析我国民办高校办学效益提供方法支撑,并为民办高等教育投资提供分析依据。

4.1 我国民办高等教育成本-收益分析

4.1.1 我国民办高等教育的成本分析

民办高校的办学成本是指民办高等教育办学过程中所消耗的各类资源价值的总和,包括以货币和实物投资的民办高等教育资源价值和因投资民办高等教育所造成的损失,即实支成本和机会成本。我国民办高等教育的成本分析是测算我国民办高等教育的投资收益率的基础,本部分将基于民办高等教育投资的视角探讨我国民办高等教育的成本构成。

我国民办高校的投资与公办高校的投资有着较大差别,主要表现为民办高校缺少政府财政资金的资助,其固定资产投资与教学活动经费支出主要来源于举办者的直接投资与学杂费,民办高校的固定资产投资在短期内会对民办高校的办学成本产生较大的影响。因此,在分析民办高等教育成本时,不但要考虑民办高校的日常教学、科研、管理等成本,还要考虑固定资产的折旧成本。可以将我国民办高校的成本分为固定资产投入的折旧成本与日常运行成本两大类,其中每一大类又可以进一步划分成若干子类。

4.1.1.1 固定资产投入的折旧成本

我国大部分民办高校的发展过程中,经历了自有校园设施建设、教学设备购置等大规模固定资产投资阶段,在民办高校的建校初期,其固定资产投入使其折旧成本不断增加,短期内固定资产大规模购进会增加民办高校的当期支出,进而引发民办高校日常教学管理所需要的经常性支出经费紧张。就长期而言,民办高校在完成了大规模固定资产投入后,如果这些固定资产的使用率得以保证,那么民办高校用于固定资产投入的折旧成本就会不断下降。民办高校用于校园建设、购买教学设施的投资转化其固定资产,可以在投资后较长时间内被不断地使用,并不断折旧最终内化为民办高校的办学成本。民办高等学校的固定资产折旧成本主要用于校园基础设施建设、教学设备购买。校园基础设施建设成本主要包括建设新校区的土地购买、教学设施建设以及配套设施的完善。教学设备购买成本主要包括教学与科研设备、教学仪器、图书资料等,用于满足教学与管理需求的设备购买支出。固定资产的投入是民办高校投资成本的重要组成部分。营利性民办高校应采用《企业会计制度》,固定资产按照平均年限法计提折旧。固定资产投入的折旧成本和投资周期密切相关,周期越长,按年度折旧的投资成本就越低。而非营利性民办高校则执行《民间非营利组织会计制度》。

4.1.1.2 日常教学活动的运行成本

民办高校的成本不但包括固定资产折旧成本,还包括维持日常教学活动的运行成本。民办高校的日常运行成本是指民办高校开展日常教学、科研、管理等活动中消耗的人力、物力价值的总和,日常运行成本是民办高校正常运行的基本保障。民办高校的教学、科研及管理过程是消耗大量人力资源的过程,这就决定了人员经费支出是民办高校日常运行成本的重要组成部分。另外,民办高校的一切公务与业务活动支出,也是民办高校日常运行成本的重要组成部分。除这些和公办高校相似的开支之外,民办高校还有一些公办高校没有的特殊支出,比如民办高校的招生宣传支出,且这部分费用占民办高校费用支出的比重较大,是民办高校的运营成本的重要组成部分。日常教学活动的运行成本具体包括:

(1)人员经费支出。民办高校的人员经费支出是指民办高校支付给教学人员与管理人员的工资、津贴、福利、课酬等费用,同时也包括支付给学生的奖学金、保险费等费用。

(2)公共事业和业务活动的经费支出。用于民办高校公用事业和业务活动的经费支出,主要包括办公费、水电费、交通费、差旅费、会议费、招待费、租赁费、物业管理费、维修费、专用材料费等。

(3) 其他经费支出。包括科研项目专项支出、对家庭与个人的补助支出、招生广告费等。尤其是招生广告宣传费,其占民办高校经费支出的比重较大。

4.1.2 我国民办高等教育的收益分析

民办高等教育收益是指民办高校通过投资办学所获得的经济效益和社会效益,体现了民办高校的产出状况,反映了投资者的收益。民办高等教育作为一种准公共产品,不但能够为投资者带来一定的经济回报,还会促进高等教育发展,优化高等教育资源配置,产生较大的社会效益。民办高等教育作为我国高等教育体系的重要组成部分,不仅为投资者带来经济回报,也会推动经济和社会发展,产生多元效益。民办高等教育的收益主要体现在两个方面:一是经济收益。经济收益又可以分为公共经济收益和个人经济收益。公共经济收益是指民办高等教育通过提供高等教育产品(毕业生、科研技术成果等),提高生产力水平,促进国民经济发展而产生的经济收益。个人经济收益主要指民办高等教育投资者通过投资民办高等教育而获得经济收益,以及受教育者接受民办高等教育所带来的收入增加。二是社会收益。社会收益可以分为公共社会收益和私人社会收益。公共社会收益是指民办高等教育提供高等教育服务和产品所产生的社会影响及收益,比如投资民办高等教育可提高民众的受教育水平,提高社会劳动者的素质,推动社会进步。私人社会收益可以提高投资者和受教育者的社会影响力,提高受教育者的技能和素质。

由于民办高校的经济效益和社会公共效益的内涵丰富,而且难以量化测度,因此,本研究重点讨论基于投资者视角的民办高等教育投资收益。为了实现对民办高校投资收益的量化分析,本研究重点分析民办高校投资所能带来的各类经济收入,基于民办高校的收入构成,分析民办高校的投资收益。

民办高等教育投资的收入是投资者在民办高等教育教学、科研及其他活动中,依法取得的各类收入,主要包括学杂费收入、捐助收入、政府资助收入、科研收入、经营收入、投资性收入等。

4.1.2.1 民办高等教育的学杂费收入

学杂费收入是民办高等教育收入来源的主要构成部分。学杂费主要包括学费、培养费、住宿费、其他教学收入等。民办高校学杂费收入具有两个特点:一是收费标准具有管制性,民办高等教育收费必须经教育主管部门审批同意或申报备案后方可进行收费;二是收费内容具有公开性,按照规定要向社会公示。学费收入的取得方式主要有三种,即教育储备金制、学期收费制和"建校赞助费+学杂费"制。学费收入是民办高等教育生存与发展的基础,是抗击风险与可持续发展的根本保证。目前,我国的绝大多数民办高校的运营依赖于学费收入,学费收入占民办高校收入来源的90%以上。而且,三种收费模式都存在一些不足之处,会给民办高校带来一定的风险。因此应进一步完善民办高校市场化运作机制,在政府收费指导范围内,合理调整收费额度,坚持成本核算、市场需求、合理负担的基本原则。

4.1.2.2 民办高等教育的捐助收入

民办高等教育的捐助收入主要是指政府、单位、个人及社会组织捐赠给民办高校的资产。社会捐赠收入的主要来源有政府、企业、社会组织、合作单位、校友、个人等,在国外捐赠收入是民办高校筹集资金的重要渠道,但目前我国民办高校获得社会捐赠的资金占民办高校收入来源的比重较小,民办高校需重视和引导社会捐赠工作,通过提高办学水平和提升学校知名度,多渠道吸引社会捐赠资金。

4.1.2.3 政府资助收入

政府资助是指民办高校所获得的来自政府直接或间接的资助,如政府对民办高校提供福利性措施。政府对民办高校常见的资助形式有六种:一是向民办高校提供教育事业拨款;二是提供教育附加费;三是提供优惠的税收政策;四是发放助学贷款;五是支持师资队伍建设;六是提供教学设备。政府资助具有较强的示范与引导作用,是民办高校的资金来源之一,对民办高等教育发展具有推动作用。因此应不断完善政府对民办高校的资助政策,通过各种形式实现对民办高校的资助。

4.1.2.4 民办高等教育的其他收入

(1)科研收入。民办高校的科研收入是民办高校开展科研活动及其辅助活动所取的收入,主要包括项目研究经费、技术转让费、技术咨询费、技术服务费、技术入股分红等。科研收入是高校收入的来源之一,特别是对于研究型大学,科研收入的多寡一定程度上能够反映高校科研实力。目前,我国民办高校绝大多数为教学型院校,整体科研能力比较薄弱,科研收入占总收入的比重较小。因此应制定科研规划,建立科研团队,制定科研奖励办法,完善科研管理体系。

(2)经营收入。民办高校的经营收入是指在教学与科研活动外开展各类经营活动所获得的收入,主要包括后勤服务收入、出租教学资源收入、提供各类培训的收入、代管费收入、销售图书资料收入等。经营性收入是民办

高校的收入来源之一,是民办高校的补充收入,但目前我国民办高校的补充性收入比重较小。民办高校应从拓宽服务领域、加大服务力度两方面增加经营收入。

(3)民办高校的投资收入。民办高校的投资收入是指利用其各种资源进行投资获得的资产性收入,具有企业投资收入的特征。投资收入是民办高校的收入来源之一,是民办高校的补充收入,民办高校应健全投资管理办法,制定科学投资策略,谨慎投资,确保资金安全。

4.2 我国民办高等教育投资收益率测度

4.2.1 我国民办高等教育的投资收益率测度方法

民办高等教育投资收益率是民办高等学校办学效益的经济学反映,它直观反映了民办高等教育成本和收益的关系,尤其是民办高校内部办学的效率问题和资源配置及利用状况。目前,关于教育投资收益率的测算方法主要有明瑟收入函数法和教育内部收益率法。明瑟收入函数法主要是基于人力资本理论,推导出收入决定函数,将教育的个人收益与学校教育时间相结合,不考虑工作年限的影响,测算出明瑟收益率,其含义是多接受一年教育所引起的收入增加比率。教育内部收益率法是基于总成本与总收益,按照投资效益测算出教育投资收益率,计算方法是利用教育收益净现值除以教育投资的成本现值之后所得的数值,一般可以用下列公式表示:

$$R = \frac{\sum_{i=1}^{n} FV(1+r)^{-n} - \sum_{j=1}^{m} CV(1+r)^{-n}}{\sum_{j=1}^{m} CV(1+r)^{-n}}$$

其中,R 为教育收益率;FV 为接受教育后的总收益;CV 为教育的总成本;n 为接受教育后工作年限;m 为接受教育年限;r 为贴现率。

现有对教育投资收益率的研究大多是基于受教育者的角度展开的,而本研究将从民办高校投资者的角度探讨民办高校的投资收益率。民办高校投资收益率的基本计算公式为:

$$民办高校投资收益率 = \frac{民办高校投资收益 - 民办高校投资总成本}{民办高校投资总成本} \times 100\%$$

上述计算公式是一个静态计算公式,可以计算出民办高校在某一时点的投资收益率,但该计算公式未能体现成本与收益的时间价值,也不能反映成本与收益的构成,不能反映民办高校投资收益的动态变化特征。由于我国民办高校创立初期都存在大规模的校园建设等基础设施投资,而这些投资在民办高校进行招生运营后较长一段时期内才产生收益,民办高校的固定资产投资也与其他项目投资相似,存在回收期的问题,在固定投资回收期内固定资产的投资对民办高校的成本影响较大,而在固定资产投资回收期后固定资产投资对民办高校的成本影响相对较小,笔者在建立民办高校投资收益率测度模型时将其收益率计算公式分成两种情况,即固定资产投资回收期内和固定资产投资回收期外,并按两种情况分别测算民办高校的投资收益率。

4.2.1.1 固定资产未收回情形

在固定资产回收期内,将前期固定资产投资的折现值均摊到每年的投资成本中。因此,要计算民办高校的投资收益率需要计算出民办高校的固定资产投资回收期,其计算公式如下:

$$\sum_{t=1}^{pst}(CI-CO)_t=0$$

其中,CI 为现金流入量,CO 为现金流出量,pst 为投资回收期。

选择的民办高校建校时点为民办高校投资基年,从基年起民办高校第 n 年的投资收益率记为 R_n:

$$R_n=\frac{\sum_{i=1}^{n}(FV_i-CV_i^{(0)})/(1+r_i)^{i-1}}{\sum_{i=1}^{n}CV_i^{(0)}/(1+r_i)^{i-1}}, i\leq pst \tag{4-1}$$

其中,r_i 表示第 i 年的贴现率;FV_i 民办高校的第 i 年的各类收益;CV_i 为民办高校第 i 年的各类成本,即 $FV_i=\sum_{j=1}^{m}s_j-\sum_{k=1}^{q}c_k$,$\sum_{j=1}^{m}s_j$ 为民办高校第 i 年的各类收入的和,$\sum_{k=1}^{q}c_k$ 为民办高校第 i 年的各类成本的和;$CV_i^{(0)}$ 为民办高校固定资产回收期内第 i 年民办高校的成本,其计算公式为 $CV_i^{(0)}=C_0(1+r_1)\cdots(1+r_{pst})/pst+\sum_{k=1}^{q}c_k$;$C_0(1+r_1)\cdots(1+r_{pst})/pst$ 表示民办高校固定投资现值在投资回收期内均摊到各年的成本值。

按照上述方法计算出的民办高校第 i 年的投资收益率,可以根据贴现率的变动区间,确定民办高校的投资收益率的变动区间。

4.2.1.2 固定资产已收回情形

在固定资产投资回收期后,只考虑民办高校的可变成本,选择民办高校投资资金已全部收回时点为基年,从基年起民办高校第 n 年的投资收益率记为 R_n:

$$R_n = \frac{\sum_{i=1}^{n}(FV_i - CV_i^{(0)})/(1+r_i)^{i-1}}{\sum_{i=1}^{n}CV_i^{(1)}/(1+r_i)^{i-1}}, i > pst \quad (4-2)$$

其中,$CV_i^{(1)}$ 为投资回收期后民办高校第 i 年的成本,$CV_i^{(1)} = \sum_{k=1}^{q}c_k$。

按照上述方法计算出的民办高校第 i 年的投资收益率,可以根据贴现率的变动区间,确定民办高校的投资收益率的变动区间。

4.2.2 我国民办高等教育投资收益率的实例测算

民办高校比较全面的数据近几年才有系统资料,因此,以 2013—2016 年我国民办高校(不含成人高等教育)的经费收支数据为基础,按照 4.2.1 中民办高校投资效益测度方法,计算我国民办高校在 2013—2016 年的整体平均收益率。2013—2016 年我国民办高校的收支明细如表 4.1、表 4.2 所示。

表 4.1　2013—2016 年我国民办高等学校支出明细　　　千元

支出明细	2013 年	2014 年	2015 年	2016 年
个人部分	22 854 784	26 964 220	29 981 448	33 803 858
工资福利支出	17 981 877	20 966 547	23 235 982	25 895 311
对个人和家庭的补助支出	4 872 907	5 997 674	6 745 466	7 908 547
助学金	4 134 429	4 806 845	5 366 277	6 192 797
商品与服务支出	26 307 626	46 742 532	23 015 417	24 591 213
其他资本性支出	26 395 767	24 929 396	28 313 574	33 849 889
专项公共支出	7 803 610	7 627 293	8 302 770	10 346 062
专项项目支出	18 592 157	17 302 103	20 010 804	23 503 827
基本建设支出	597 370	545 793	723 069	456 655

数据来源:《中国教育经费统计年鉴》(2014—2017 年)

表 4.2 2013—2016 年我国民办高等学校收入明细   千元

收入明细	2013 年	2014 年	2015 年	2016 年
教育事业费拨款	6 000 758	6 802 110	7 907 404	11 358 100
教育附加费	162 822	115 011	242 507	65 485
科研经费	—	45 055	266 558	87 433
其他	2 486 644	137 736	176 310	245 308
政府性基金预算安排的教育经费	—	449 191	191 815	40 301
民办学校中举办者投入	3 403 222	1 915 420	2 810 143	4 727 417
捐赠收入	341 646	182 193	361 224	335 254
事业收入	64 307 031	70 715 572	76 707 176	82 625 599
学费	61 410 859	64 768 852	69 317 682	74 733 152
其他教育经费	—	2 089 055	3 375 644	2 854 342

数据来源:《中国教育经费统计年鉴》(2014—2017 年)

4.2.2.1 固定资产未收回情形

民办高校为扩大办学规模,积极筹资兴建新校区,一次性投资大,周期长,初期投入远远大于回报。对于投资者来说,其投资回报收益率就要考虑固定资产折旧因素。固定资产是学校办学最基本的物质条件,其耗费应是高等教育成本的重要内容,民办高校必须对固定资产计提折旧,基本建设成本可分为固定资产折旧支出和贷款利息,民办高校的房屋、建筑物等固定资产,均选择"平均年限法"计提折旧费用,参照普通高校折旧年限:教学、行政用建筑物 30～40 年,教学设备 5～10 年,图书 15 年,有偿征购的土地 50 年。假设固定资产回收期为 20 年,利用公式(4-1)计算我国民办高校投资收益率。根据表 4.1 与表 4.2 中的数据,考虑通货膨胀因素对贴现率的影响,分别选择 5%、7% 的收益率作为年贴现率,可计算出我国民办高校在 2013—2016 年的投资收益区间分别为:(7.1%,8.3%),(7.3%,8.9%),(7.5%,9.5%),(7.8%,9.8%),通过计算可以发现我国民办高校的投资收益率在 7%～10%。同理,可根据民办高校的不同固定资产回收期,利用上述计算方法计算出其相应投资收益区间。

4.2.2.2 固定资产已收回情形

考虑到我国大部分民办高校已经完成固定资产投资,且已经收回固定资产投资,而采用本研究所构建的固定资产回收后的民办高校投资收益率计算公式,即(4-2)式计算我国民办高校的投资收益率。根据表4.1与表4.2中的数据,考虑通货膨胀因素对贴现率的影响,分别选择5%、7%的收益率作为年贴现率,可计算出我国民办高校2013—2016年的年收益率区间分别为:(14.3%,15.5%),(14.6%,16.2%),(14.9%,16.9%),(15.3%,17.3%),通过计算可以发现我国民办高校的投资收益率在14%~18%。

以上测算结果能够比较客观地反映我国民办高校不同发展阶段投资收益率的动态变化情况,同时,综合考虑了收益与成本的时间价值对收益率的影响,使得民办高校投资收益率测度结果更加科学合理,可以为准确掌握我国民办高校投资收益率变动区间提供参考依据,为深入研究我国民办高校合理回报区间提供分析基础,也将为民办高校的投资决策提供理论指导。

4.3 我国民办高等教育投资效益评估指标体系的构建

通过第三章对我国民办高等教育的投资现状分析可知:当前我国民办高等教育仍然面临着投资渠道单一、投资结构不合理、投资效益低下等问题,因此,要建立多元化融资渠道,优化民办高校的投资结构,提高民办高校的投资效益,树立效益观念与效益意识。建立民办高等教育投资效益评估指标体系,不仅可以提高民办高等教育的资金使用效率,引导民办高等教育加强教育成本核算,科学使用民办高等教育投资资金,促进民办高等教育可持续发展,而且可以为全方位科学评价民办高等教育的投资效率提供理论和技术支撑,同时还能为民办高等教育投资风险防控体系的建立奠定基础。

4.3.1 我国民办高等教育投资效益评估指标体系的构建原则

民办高等教育投资效益评估是一项系统工程,科学合理地评估民办高等教育的投资效益,需要综合考虑多方面的因素,既要考虑民办高等教育投资的经济效益,也要兼顾民办高等教育的社会效益。民办高等教育投资效益评估指标体系是由多个层次、多个指标构成的综合系统,该系统具有开放性、动态性等特征。多因素构成的内在关系复杂,具有开放性、动态性等特征的综合系统。一方面要反映民办高等教育评估指标系统内部的结构和运转情况,另一方面要反映民办高等教育投资效益因素的相关性和层次性,并揭示民办高等教育投资的内涵特征。因此,民办高等教育评估指标体系是基于指标体系的构建原则设置的,指标体系是能够体现民办高校投资效益特质的因素集合。指标体系的设置应体现层次性与结构性,指标体系中的各个指标是相互联系、相互独立的有机整体。指标体系的构建原则是筛选民办高校投资效益评估指标的依据,是正确测算民办高等教育投资效益的前提,并直接影响民办高等教育投资效益评估结果。因此,构建民办高等教育投资效益评估指标体系应遵循以下几项基本原则。

4.3.1.1 科学性原则

科学性是可信度的重要标志。它就是要采用科学的方法,在建立指标体系过程中以客观事实为标准,要客观地反映民办高等教育的投资规律,抓住影响民办高等教育投资效益的最有代表性的因素,同时要体现理论和实践的结合。科学性原则主要体现在以下几个方面:①评估指标的层次性。评估指标的层次性是指高一层次的指标包含着子层次的若干指标,这是由评估对象的层次性决定的。②评估指标的关联性。评估指标的关联性是指各评估指标是相互关联的有机整体。③评估指标的简易性。评估指标的简易性是指评估指标在反映评价对象内部结构、系统功能和评估目的的基础上尽量使指标简单易行。④评估指标的客观性。评估指标的客观性是指设计的指标能够客观地反映民办高校投资的实际情况。

4.3.1.2 可测性原则

可测性是进行量化评估的基础与保证,即建立评估指标体系应以能进行量化测度为基础。量化测度是对评估对象的状态变量赋值的过程,是量化评估的基础。民办高等教育投资效益的好坏需要通过投资效益评估指标表现出来,因此,构建的民办高等教育评估指标体系中,各个指标在可行条件下,应尽可能以数量的形式表现出来。

4.3.1.3 可比性原则

评估指标的可比性是指评估指标体系中的各指标在时间与空间上可以进行比较,评估过程本身就包含着评定与比较的内涵。每所民办高校、各个投资主体、各个投资项目都有着自身的特殊性,只有从这些特殊性中找出共性的东西进而确定指标,才能反映被评估对象的共同属性中的特征、特点与特色,才具有可比性。因此,民办高等教育投资效益评估指标体系要体现出评估对象之间的可供比较的特性。

4.3.1.4 动态性原则

民办高等教育投资是一种动态变化过程,在构建民办高等教育投资评价指标体系时,应能体现出民办高等教育投资现状及发展趋势,并有利于揭示民办高等教育投资的内在规律和动态变化过程。

4.3.1.5 突出民办高等教育投资特色的原则

民办高等教育投资不仅具有经济性还具有社会性,其社会性主要体现为公益性。民办高等教育投资不同于一般的项目投资,也不同于公办高等教育的投资,因此,在构建民办高等教育投资效益评估指标体系时,要突出

民办高等教育的投资特点,不能套用一般项目和公办高等教育投资评估指标体系,应从实际出发,突破一般项目投资效益评估理论的限制,根据民办高等教育的投资特点,确立民办高等教育评估体系。要突出民办高等教育投资特色,应遵循以下基本原则:

(1)经济效益与社会效益相结合的原则。民办高等教育投资效益既包括经济效益也包括社会效益。其中,经济效益是指民办高等教育培养出的人才数量与质量,以及民办高校通过其产业活动获得的收益,主要反映人才成果形成阶段的投资效益。社会效益是指民办高等教育投资形成的教育产品与成果,如教学成果、科研成果等,以及这些成果所获得社会认可的比率,主要反映成果使用阶段的投资效益。民办高等教育的投资效益应既包括经济效益又包括社会效益,在构建民办高校投资效益评估指标体系时,应坚持经济效益与社会效益相结合的原则。

(2)长期效益与近期效益相结合的原则。民办高等教育投资一般分两类:一类是当期耗用,当期收益;一类是形成长期资产,收益于当期与以后各期。这意味着民办高等教育部分投资产生短期效益,部分投资产生长期效益。例如长期投资、固定资产和递延资产等长期资产,具有周转时间长、风险大、效益高的特点,在未来一个时期内一直发挥作用,是民办高校的长期效益。在进行民办高等教育投资效益分析时,特别是核算其办学成本时,要坚持责权发生制原则,按照收益期分担费用,做到长期效益与近期效益相结合。因此,在构建民办高等教育投资评估指标体系过程中,不但要有能够反映近期效益的指标,还要有能够反映长期效益的指标。

(3)价值指标与实物指标相结合的原则。在民办高等教育办学过程,民办高校的投资与收益不但包括货币投资与货币收益,还包括实物投资与实物收益。消耗与所得既可用价值形式表示,也可以用实物形式表示。根据民办高等教育投资效益评估的需要,在构建民办高等教育投资效益评估指标体系过程中,既要有能够反映资金投入和教育产出的价值指标,还要有能够反映投入与产出的实物指标。因此,在民办高等教育投资效益的评估过程中,要把实物指标与价值指标结合起来,才能对民办高等教育投资效益做出客观、全面的分析与评价。

(4)数量指标与质量指标相结合的原则。民办高校培养的人才数量和质量是高等教育活动两个重要指标,是民办高等教育可持续发展的重要基础。培养的人才数量是民办高等教育生存的基础,培养的人才质量则是高等教育的竞争力与生命力,是民办高等教育赖以持续发展的重要基础。民办高校培养高素质的人才,可以为其带来更多的生源与收益。因此,在构建民办高等教育投资效益评估指标时,要坚持人才数量指标与质量指标相结合的原则,从数量和质量两个方面,来反映民办高校的投资效益情况。

4.3.2 我国民办高等教育投资效益评估指标的选择

民办高等教育投资效益就是力求以有限的投入获取最大的收益。民办高等教育的投资收益不同于一般生产的投资效益。民办高校投资收益主要包括经济效益和社会效益两部分。因此,民办高等教育投资效益评估指标体系构建,应从民办高等教育投资的经济效益与社会效益两个维度出发,构建相应的指标体系。

4.3.2.1 构建投资效益评估指标的步骤

本研究在构建民办高等教育投资效益评估指标体系过程中,主要采用以下几种基本方法:文献归纳法、专家调查法、因素分析法、指标筛选法。具体步骤如下:

(1)收集整理有关高校投资效益评估的国内外文献,对现有文献进行归纳整理,掌握高校投资效益评价指标的研究现状。通过对国内外相关文献的收集与整理可知,现有的研究中对高校投资效益评估指标的研究,主要是基于投入产出视角构建的指标体系,现有指标体系中的指标大多为反映高校投资经济效益的指标,而反映高校投资社会效益的指标较少,而且对民办高校投资效益评估指标体系的研究鲜有涉及。

(2)在文献总结的基础上,利用因素分析法,初步建立民办高等教育投资效益评估指标。从民办高等教育投资效益的内涵分析入手,将能够反映民办高等教育本质属性的因素列为指标,初步建立民办高等学校投资效益评估指标体系。

(3)通过专家调查法对初步建立的指标体系进行完善,包括增加被遗漏的重要指标能反映投资效益评估内容的指标等,而且能进一步凝练指标体系。利用灰色关联聚类分析法,对凝练的指标做进一步的筛选,以确保所构建的指标体系中各指标之间具有相对独立性。

4.3.2.2 投资效益评估指标的具体分析

遵循民办高等教育评估指标体系的构建原则,结合我国民办高等教育投资的特点,按照民办高等教育投资效益评估指标体系的构建过程,基于民办高等教育投入与产出分析,从民办高等教育投资的经济效益与社会效益两个维度来构建民办高等教育投资评估的指标体系。该指标体系中的一级指标为经济效益指标和社会效益指标,在对其分析时又将经济效益指标分解为财务运行、资源利用、可持续发展三个二级指标,将社会效益指标分解为社会贡献、社会评价两个二级指标。在构建投入产出经济指标时参考公办高校投入产出效益评价指标,从财务评估的维度出发,构建出能够反映民办高等教育投入产出比的三级指标体系;从民办高等教育人力、财力、物力的利用情况构建能够反映民办高等教育资源利用率的三级指标体系;从资金保障率、总经费增长率等角度建立可持续发展指标下的三级指标体系,用以描述民办高等教育投资的可持续性状况。在分析社会效益中的社会贡献率指标时,主要从民办高等教育人才培养、科研产出等角度,构建描述社会贡献率的三级指标体系,从学校知名度、毕业生就业率角度构建社会评价的三级指标体系。因此,可以构建出民办高等教育投资效益评估指标体系如表 4.3 所示。

表 4.3 我国民办高等教育投资效益评估指标体系

一级指标	二级指标	三级指标	指标符号
经济效益	财务运行	收入支出比	x_1
		投资回报率	x_2
		资产保值增值率	x_3
		净资产报酬率	x_4
		生均教育成本	x_5
	资源利用	生师比	x_6
		生均仪器设备值	x_7
		生均校园面积	x_8
		生均图书数量	x_9
	可持续发展	资产负债率	x_{10}
		事业发展基金增长率	x_{11}
		固定资产增长率	x_{12}
社会效益	社会贡献	毕业生就业率	x_{13}
		优秀毕业生率	x_{14}
		论文发表数量	x_{15}
		科研项目完成率	x_{16}
		科研成果使用率	x_{17}
	社会评价	社会贡献率	x_{18}

各个指标的内涵及指标的量化方法:

(1)收入支出比,是指民办高校的收入总额与支出总额的比值。该指标的计算公式为：

$$收入支出比 = \frac{民办高校的收入总额}{民办高校的支出总额}$$

该指标能够反映民办高校的投入与产出比，是衡量民办高校投资效益的重要财务指标。

(2)投资回报率，是指民办高校投资主体通过对民办高校投资而获得的经济回报。该指标的计算公式为：

$$投资回报率 = \frac{民办高校投资获得利润}{投资总额} \times 100\%$$

该指标是衡量民办高校投资效益的重要财务指标，能够测度民办高校的获利能力，是出资者进行投资判断的重要依据。

(3)资产保值增值率，是指民办高校期末净资产与期初净资产的比值。该指标的计算公式为：

$$资产保值增值率 = \frac{期末净资产}{期初净资产} \times 100\%$$

该指标等于1为保值，大于1为增值，小于1为减值。资产保值增值率是用来衡量民办高校资产变动程度的指标，可以从资产变动角度对民办高校的投资效益进行测度。

(4)净资产报酬率，是指民办高校的盈余总额与净资产的比率。该指标的计算公式为：

$$净资产报酬率 = \frac{盈余总额}{净资产平均余额} \times 100\%$$

净资产是民办高校资金中扣除负债后的余额，是投资人拥有的权益。净资产报酬率反映了投资人拥有资金的获利能力，是一种直接的获利水平的体现。该指标越大，表明民办高校投资者运用资产获利能力越强，反之则越弱。

(5)生均教育成本，即民办高校培养一名学生所消费的活劳动和物化劳动的总和。该指标的计算公式为：

$$\text{生均教育成本} = \frac{\text{某类学生学制期内各项费用总和}}{\text{该类学生总数}}$$

生均教育成本指标是反映民办高校投资效益的重要指标,核算民办生均成本对民办高校投资效益评估具有重要的意义。

(6)生师比,是指在某一时点上学校在校学生人数与在职教师人数之间的比例。该指标的计算公式为:

$$\text{生师比} = \frac{\text{学生总数}}{\text{教师总数}}$$

该指标反映民办高校培养一名合格的毕业生的人力耗费水平,是考核民办高校投资效益高低的重要指标。在保证人才培养质量的前提下,该比例越大说明效率越高,反之则越低。

(7)生均占有仪器设备值,是指某一时点上民办高校的仪器设备总值与学生总数的比值。该指标的计算公式为:

$$\text{生均占用仪器设备值} = \frac{\text{仪器设备总值}}{\text{学生总数}}$$

该指标是反映仪器设备利用率的重要指标,可以从物力资源利用率的角度衡量民办高校的投资效益。

(8)生均校园面积,是指民办高校的校园面积与在校学生数的比值。该指标的计算公式为:

$$\text{生均校园面积} = \frac{\text{校园面积}}{\text{在校学生数}}$$

该指标反映民办高校投入的基础设施投入使用情况,可以从物力资源利用率的角度衡量民办高校的投资效益。

(9)生均图书数量,是指学校拥有图书数量与学生数量的比值。该指标的计算公式为:

$$\text{生均图书数量} = \frac{\text{图书总量}}{\text{在校学生数}}$$

该指标能够反映基础建设投资利用情况,是衡量民办高校基础建设投资效率的指标。

(10) 资产负债率,是指期末学校负债占学校资金总额的比率。该指标的计算公式为:

$$资金保障率 = \frac{期末负债总额}{期末资金总额}$$

该指标反映的是某一时点民办高校负债情况,能够反映学校的可持续发展能力。

(11) 事业发展基金增长率,是指一定时期内民办高校事业发展基金的增加值占原有事业发展基金的比率。该指标的计算公式为:

$$事业发展基金增长率 = \frac{期末事业发展基金值 - 期初事业发展基金值}{期初事业发展基金值} \times 100\%$$

该指标反映了民办高校事业基金增长情况。事业发展基金是民办高校可持续发展的保证,该指标可以间接地反映民办高校的投资效益。

(12) 固定资产增长率,是指一定时期内民办高校增加的固定资产原值对原有固定资产数额的比率。该指标的计算公式为:

$$固定资产增长率 = \frac{期末固定资产总值 - 期初固定资产总值}{期初固定资产总值} \times 100\%$$

该指标反映民办高校固定资产增长情况,是反映民办高校可持续发展能力的指标,也可以间接地反映民办高校的投资效益。

(13) 毕业生就业率,是指在应届毕业生中就业人数占应届毕业总人数的比例。该指标的计算公式为:

$$毕业生就业率 = \frac{应届毕业生就业人数}{应届毕业生总数} \times 100\%$$

该指标反映民办高校所培养人才适应市场需求的能力,是反映民办高校社会效益的指标。

(14) 毕业生优秀率,是指应届毕业生中优秀毕业生占毕业生总数的比率。该指标的计算公式为:

$$优秀毕业生率 = \frac{应届优秀毕业生人数}{应届毕业生总数} \times 100\%$$

该指标不但是反映民办高校产出质量的指标,还是反映民办高校投资社会效益的指标。

(15)论文(专著)发表数量,是指民办高校教学科研人员发表的论著数量。该指标不但能反映民办高校的产出水平,还能反映民办高校教学科研人员的研究所带来的社会效益。

(16)科研项目完成率,是指在一定时期内结题的科研项目数占获得的科研项目数的比重。该指标的计算公式为:

$$科研项目完成率 = \frac{在规定时间通过鉴定的科研项目数}{科研项目获得数} \times 100\%$$

该指标不但能反映民办高校承担与完成科研项目的能力,也能反映民办高校科研产生的社会效益。

(17)科研成果使用率,是指实际推广的科研成果数量占全部科研成果数的比例。该指标的计算公式为:

$$科研成果使用率 = \frac{实际推广应用的科研成果数}{完成的全部科研成果数} \times 100\%$$

该指标不但能反映民办高校的科研成果的应用价值和推广价值,还能反映民办高校科研投资所产生的社会效益。

(18)社会知名度,是指民办高校对区域经济社会发展的贡献。该指标值需要通过权威机构或专家评价量化获得。

4.3.3 我国民办高等教育投资效益评估指标权重的确定

4.3.3.1 我国民办高等教育投资效益评估指标权重确定方法

利用构建的民办高等教育投资效益评估指标体系,对民办高等教育投资效益进行评估时,各指标在民办高等教育投资效益评估中作用不尽相同,因此,各个指标在评价中的重要性也有所差异,为了反映指标重要性之间的差异,需要对不同的指标赋予不同的权重。各指标在评价中的相对重要程度需要通过指标权重加以体现。合理地确定民办高等教育投资效益各评估指标权重,是对民办高等教育投资效益进行科学评估的保证。

目前,确定指标权重的方法一般可以分为主观定权法、客观定权法与主客观结合定权法。常见的指标权重赋权法主要有专家打分法、熵值法、灰色关联分析法、层次分析法等。

20世纪70年代,美国学者T. L. Saaty提出了一种定性与定量相结合的多准则决策分析方法,即层次分析法。该方法能够根据较少的定量信息实现决策过程的数学化,具有主观分析与客观计算结合的特点,已被广泛应用于多目标决策与指标权重的确定等领域。利用层次分析法确定指标权重,可以体现指标之间的层次性与结构性,对指标重要性的分析更具有逻辑性,具有坚实理论基础和完善的方法体系,计算过程简单。基于层次分析法在确定指标权重中的优点,本研究将采用层次分析法确定我国民办高等教育投资效益评估指标体系中各个指标的权重。

层次分析法确定指标权重的计算步骤如下:

(1)层次分析结构的构造。利用层次分析法确定指标权重,应将被评估系统包含的因素进行分层,并按照目标层、准则层、指标层的顺序进行排列构成层次分析结构。如图4.1所示。

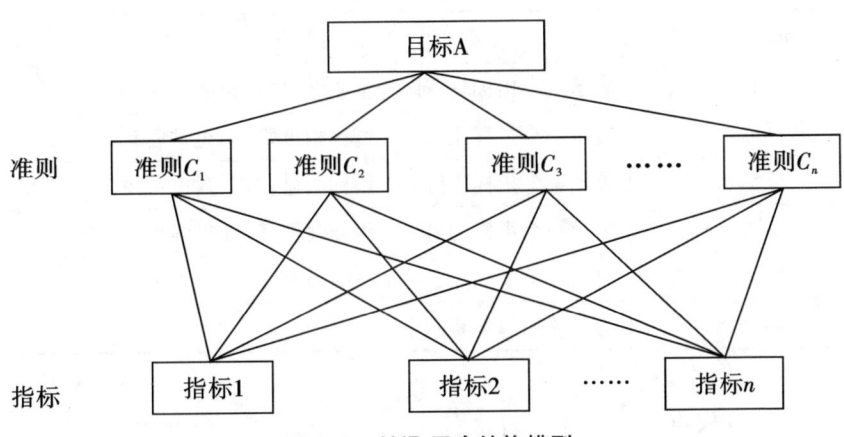

图 4.1 AHP 层次结构模型

(2)构造判断矩阵。通过层次分析结构的构造,确定上下层指标间的隶属关系。同一层次的 n 个指标,进行两两比较可得判断矩阵,将判断矩阵记为 A:

$$A = (a_{ij})$$

其中, $a_{ij} > 0$, $a_{ji} = \dfrac{1}{a_{ij}}$, $(i,j = 1,2,3,\cdots,n)$。

若指标层 A_k 与下一层次中指标 $B_1, B_2, \cdots, B_n$ 有关系,则可以构造判断矩阵如表 4.4 所示。

表 4.4　两两比较判断矩阵

A_k	B_1	B_2	…	B_n
B_1	a_{11}	a_{12}	…	a_{1n}
B_2	a_{21}	a_{22}	…	a_{2n}
…	…	…	…	…
B_n	a_{n1}	a_{n2}	…	a_{nn}

其中,a_{ij} 是相对 A_k 而言,B_i 对 B_j 的相对重要性的数值,可以用 1~9 标度法表示,各级标度的含义见表 4.5。

表 4.5　标度 1~9 的含义

标度 a_{ij}	含义
1	表示两个指标具有同样重要性(同等重要)
3	表示一个指标比另一个指标稍重要(弱更重要)
5	表示一个指标比另一个指标明显重要(强更重要)
7	表示一个指标比另一个指标强烈重要(很强更重要)
9	表示一个指标比另一个指标极端重要(绝对重要)
2,4,6,8	为上述相邻判断的中值

(3)计算权重。

1)计算判断矩阵每一行元素的乘积 M_i:

$$M_i = \prod_{i,j=1}^{n} a_{ij} \ (i,j = 1,2,\cdots,n)$$

2)计算 M_i 的 n 次方根 $\overline{W_i}$:

$$\overline{w_i} = M_i^{\frac{1}{n}}$$

3) 对向量 $\overline{W} = [\overline{w_1}, \overline{w_2}, \cdots, \overline{w_n}]^T$（$n$ 为矩阵的阶数）做正规化处理：

$$w_i = \frac{\overline{w_i}}{\sum_{i=1}^{n} \overline{w_i}}$$

则 $W = [w_1, w_2, \cdots, w_n]^T$ 即为所求的特征向量。

4) 计算判断矩阵的最大特征根 λ_{max}：

$$\lambda_{max} = \sum_{i=1}^{n} \frac{(AW)_i}{nW_i}$$

其中 $(AW)_i$ 表示向量 AW 的第 i 个元素。

上式中：

$$A \cdot W = \begin{pmatrix} a_{11} & a_{12} & \cdots & a_{1n} \\ a_{21} & a_{22} & \cdots & a_{2n} \\ \cdots & \cdots & \cdots & \cdots \\ a_{n1} & a_{n2} & \cdots & a_{nn} \end{pmatrix} \cdot \begin{pmatrix} w_1 \\ w_2 \\ \vdots \\ w_n \end{pmatrix}$$

即：$(A \times W)_i = a_{i1}w_1 + a_{i2}w_2 + \cdots a_{in}w_n$。

(4) 判断矩阵的一致性检验。

1) 计算判断矩阵的一致性指标。

$$CI = \frac{\lambda_{max} - n}{n - 1}$$

n 为判断矩阵的阶数；当 $CI = 0$ 时矩阵具有完全一致性。

2) 比较 CI 与平均一致性指标 RI，检验判断矩阵是否具有满意的一致性。

3) 计算 $CR = \frac{CI}{RI}$。

当 $CR = \frac{CI}{RI} = 0$，A 具有完全一致性；当 $CR \leq 0.1$ 时，A 具有满意一致性；当 $CR \geq 0.1$ 时，A 具有非满意一致性；当 A 具有完全一致性或 A 具有满意一

致性时接受计算出的指标权重 w_i;当 A 具有非满意一致性时,则应对计算的权重予调整或舍弃不用。

4.3.3.2 我国民办高等教育投资效益评估指标权重的计算

本研究将运用层次分析法确定民办高校投资效益评估指标体系中各层指标的权重。首先,构造指标的两两判断矩阵,然后再利用判断矩阵计算各指标的权重。本研究中的判断矩阵是通过对多个相关部门的调查得到的,主要是对河南省民办高校及河南省教育厅的相关领导与工作人员等进行了问卷调查,在相关专家及工作人员的大力支持与帮助下,成功地完成了对判断矩阵的调查工作。同时,设计了层次分析法的判断矩阵调查表(见附录1),并多次召开讨论会,通过专家打分的方式给出了两两判断矩阵。由于收到的判断矩阵调查表可能出现无效问卷,因此,要对搜集到的调查表中的判断矩阵进行一致性检验,剔除未通过检验的调查表,并利用通过一致性检验的调查表,计算出指标的权重。具体计算过程如下:

先将通过对一致性检验的调查表中的专家打分值进行求众数,得到一张综合得分表,再利用综合得分表,求出各个指标的权重。

例如,利用××学院给出的判断矩阵调查表,对民办高校投资效益指标的权重进行了确定。表4.6列出了××学院给出要素层关于目标层的判断矩阵,对其进行一致性检验,经计算可得 $CI=0.0049$;$CR=0.0044<0.1$,计算结果表明该判断矩阵均能通过一致性检验,同理可以计算出××市科技局给出的其他判断矩阵可以通过一致性检验,说明××学院提供的调查问卷有效,可以用来进行计算和确定指标的权重。

表4.6 ××学院给出的判断矩阵的一致性检验

A	B_1	B_2
B_1	1	3
B_2	0.3333	1

通过对河南省教育厅和河南省相关民办高校的领导及工作人员共21份问卷调查的整理,给出其判断矩阵,分别计算并通过各调查问卷的一致性检验。检验结果表明,共有12位专家给出的判断矩阵通过一致性检验,即12位专家的调查问卷有效,可以用来计算各指标的权重。

通过计算12位专家打分值的众数,得到综合判断矩阵表,利用综合判断矩阵表,按照层次分析法计算出各指标的权重。经计算可以得到民办高校投资效益评估指标体系中各个指标对不同目标层的权重如下:

一级指标对目标层的权重为 $A=(B_1,B_2)=(0.56,0.44)$，即对民办高校投资效益评估而言，一级指标经济效益权重为 0.56，社会效益权重为 0.44。

同理可得二级指标对一级的权重分别为：

$B_1=(C_1,C_2,C_3)=(0.42,0.35,0.23)$
$B_2=(C_4,C_5)=(0.67,0.33)$

二级指标对各一级指标的权重分别为：

$C_1=(D_1,D_2,D_3,D_4,D_5)=(0.14,0.30,0.18,0.22,0.16)$
$C_2=(D_6,D_7,D_8,D_9)=(0.32,0.27,0.23,0.18)$
$C_3=(D_{10},D_{11},D_{12})=(0.36,0.33,0.31)$
$C_4=(D_{13},D_{14},D_{15},D_{16},D_{17})=(0.20,0.16,0.24,0.20,0.20)$
$C_5=(D_{18},D_{19})=(0.57,0.43)$

将二级指标层指标相对一级指标权重乘以一级指标的权重，即可得到二级指标相对于目标层的综合权重，同理可以得出三级指标的权重。

4.4 我国民办高等教育投资效益评估

一个完整的民办高等教育投资效益评估体系包括：评估指标体系的构建、评估指标权重的确定、评价方法（模型）的选择与建立、评估方法的应用等。本部分将在研究民办高等教育评估指标体系构建、指标权重确定的基础上，根据民办高等教育投资效益评估的内涵、评估的目标，在综合分析目前常见多指标综合评价方法优缺点的基础上，构建出适合我国民办高等教育的投资效益评估模型，并结合我国民办高等教育投资效益的指标数据，利用构建的模型对我国民办高等教育投资效益进行评估。

4.4.1 多指标综合评判方法的比较与选择

目前，常见的多指标综合评价方法有专家打分法、层次分析法、灰色关联分析法、数据包络分析（DEA）法、主成分分析法等。各种评价方法都有不同的特点，适用不同的评价对象，都有各自的适用范围和优缺点。本部分将对几种常见的多指标综合评价方法进行比较分析，在比较分析的基础上，构建适用于民办高校投资效益的评估模型，以期为民办高校投资效益评估提供模型支撑。

4.4.1.1 专家打分法

专家打分法是常见的定性评价方法。该方法主要是根据评分专家的已有知识、经验和分析判断能力,从不同的角度对评价对象进行综合评价,并描述出评价对象的总体特征。该方法有利于发挥评价专家的作用,而且操作简单,缺点是评价结果受专家主观因素的影响较大,专家的经验和喜好会对评价结果产生较大影响。

4.4.1.2 层次分析法

层次分析法是将评价问题分成目标层、准则层、指标等层次,并采用定性与定量相结合的分析方法,对评价对象进行综合评价的方法。层次分析法的优点是采用了主客观相结合的分析方法,且易于理解与计算。

4.4.1.3 灰色关联分析法

该法可以用以对少数据、贫信息的系统进行综合评价。该方法的基本思想是:根据相关因素序列与系统行为序列之间的几何相似度,来描述相关因素序列与系统行为序列之间的关联程度。因此,可以通过计算被评价对象与参考对象之间关联度的大小,对评价对象进行比较、排序,得出评价结论。该方法的优点是对数据样本容量没有特别的要求,也不需要满足经典的分布规律,可操作性强、计算简单。

4.4.1.4 数据包络分析法

即利用观测数据,基于多指标投入与产出对相同类型单元进行相对有效性或效益评价的方法。该方法具有以下优点:①为多输入与多输出系统的综合评价提供了新方法,并能找出单元薄弱环节。②以效益作为总体衡量标准,无须弄清输入与输出之间的关联方式,且评价结果与指标量纲无关。③能有效避免在确定指标权重过程中优先意义权重的出现。

该方法的缺点主要为:①只能测度评价单元的相对发展水平,无法表征其实际发展水平。②在被评价对象都是低效率的情况下,该方法对评价结果区分度较低,对评价对象无从鉴别。③当 DMU 的数量相对投入产出数量不足够大时,会出现大量的 DMU 是有效的情形,且 DEA 模型的辨析能力会有所下降,降低了 DEA 模型的评价功能。

4.4.1.5 主成分分析法

该法是利用降维的思想将指标体系进行约简,并利用约简指标的线性加权,对评价对象进行评价的多元统计分析方法。该方法的优点主要体现在:①对指标体系中的指标进行了约简,以约简后的指标替代原有指标的信息,减少了指标间的信息重叠并对指标进行了约简,增强了指标间的相对独立性。②根据主成分的贡献率确定各主成分的权重,避免人为设定权重的主观性。③评价方法具有约简指标的作用,且计算过程具有程序化特征,可操作性强。该方法的缺点主要表现为:①没有考虑指标间存在重要度差异,即指标权重对评价结果的影响。②若样本出现不正常现象或异常点时,不适用该方法。③该方法主要适用于静态多指标综合评价。

现有的多指标综合评价方法为民办高等教育投资效益评价提供了方法支撑,但是,不同的评价方法具有不同的特点和对应不同目标体系,一定评价指标体系从属于一定的目标体系,没有在评价过程中起导向作用的目标体系,就没有评价结果的有效性。因此,笔者根据民办高校投资效益评价的目的,结合民办高校投资的特点,构建起适合民办高校投资效益评价模型及指标体系。采用矩阵关联分析法对民办高校投资效益进行了动态评估。

4.4.2 基于矩阵关联分析的民办高校投资效益动态评估

现有对民办高校投资效益评估模型大多是静态多指标综合评价模型。静态多指标评价模型适合于对民办高校在某一时点投资效益的评价分析,是横向对比各个民办高校在某一时点的投资效益的有效方法,其本质是通过综合指标的对比分析,对民办高校的办学效益进行评价的过程。但是,民办高校投资是随着时间的变化而呈动态发展的,因此,静态综合评价模型难以满足对民办高校投资效益动态评价的需要。而客观、准确地评价民办高校在某一时间段内的投资效益整体变动情况,需要构建民办高校投资效益动态评估模型。民办高校投资效益动态评估问题是一个具有对象、指标、时间三个维度的动态多指标评价问题。被评价高校在某一时域内的各个投资效益指标值可以用一矩阵形式表示,而各个评价指标在某一个时间段内总存在一个理想值,在某一时段内由各个指标理想值可构成一个理想矩阵,可以通过比较被评价对象矩阵与理想矩阵之间的关系,以实现对民办高校的投资效益的动态评估。因此,可通过评价矩阵与参考矩阵之间的关联性分析,对民办高校投资效益进行动态评估。该方法充分利用了被评价对象的在某一时域内的各指标信息,能够反映民办高校投资效益的动态变动,且计算简单。本研究基于理想矩阵法的基本思想,建立民办高校投资效益动态评估模型。该模型的基本思想是通过测度被评价对象与参考对象间的矩阵关联性,实现对评估对象间的综合排序。该模型的建模过程如下。

设有民办高校投资效益评估指标为 $P_j(j=1,2,\cdots,n)$,评价时域上的时间样本点为 $T_i(i=1,2,\cdots,m)$,被评价民办高校为 $S_k(k=1,2,\cdots,q)$。

设第 k 个被评价民办高校 S_k 的原始数据矩阵为:

$$A^{(k)} = \begin{bmatrix} a_{11}^{(k)} & a_{12}^{(k)} & \cdots & a_{1n}^{(k)} \\ a_{21}^{(k)} & a_{22}^{(k)} & \cdots & a_{2n}^{(k)} \\ \cdots & \cdots & \cdots & \cdots \\ a_{m1}^{(k)} & a_{m2}^{(k)} & \cdots & a_{mn}^{(k)} \end{bmatrix}, k = 1, 2, \cdots, q$$

$A^{(k)}$的第i列元素代表第k个被评价民办高校第i个分指标的时间序列，反映了该指标在评价时间段内的动态变化情况。

指标集中的指标一般可以分为三类：①效益型指标，该类型指标值越大越好；②成本型指标，该类型的指标值是越小越好；③区间型指标，该类型的指标以其值落在某一区间为佳。评价矩阵中指标间的不同量纲会对评价结果产生影响，为了克服指标量纲对评价结果的影响，应对评价矩阵中的指标值进行无量纲化处理。对三种不同类型的指标进行规范化处理方法如下：

(1) 效益型指标：

$$x_{ij}^{(k)} = \frac{a_{ij}^{(k)} - \min_k \min_i a_{ij}^{(k)}}{\max_k \max_i a_{ij}^{(k)} - \min_k \min_i a_{ij}^{(k)}}$$

(2) 成本型指标：

$$x_{ij}^{(k)} = \frac{\max_k \max_i a_{ij}^{(k)} - a_{ij}^{(k)}}{\max_k \max_i a_{ij}^{(k)} - \min_k \min_i a_{ij}^{(k)}}$$

(3) 区间型指标：

$$x_{ij}^{(k)} = \begin{cases} \dfrac{a_{ij}^{(k)} - \min_k \min_i a_{ij}^{(k)}}{a - \min_k \min_i a_{ij}^{(k)}}, & \min_k \min_i a_{ij}^{(k)} \leq a_{ij}^{(k)} < a \\ 1, & a \leq a_{ij}^{(k)} \leq b \\ \dfrac{\max_k \max_i a_{ij}^{(k)} - a_{ij}^{(k)}}{\max_k \max_i a_{ij}^{(k)} - b}, & b < a_{ij}^{(k)} \leq \max_k \max_i a_{ij}^{(k)} \end{cases}$$

对指标标准化处理后可得第k个被评价高校的"规范化"评价系数矩阵为：

$$X^{(k)} = \begin{bmatrix} x_{11}^{(k)} & x_{12}^{(k)} & \cdots & x_{1n}^{(k)} \\ x_{21}^{(k)} & x_{22}^{(k)} & \cdots & x_{2n}^{(k)} \\ \cdots & \cdots & \cdots & \cdots \\ x_{m1}^{(k)} & x_{m2}^{(k)} & \cdots & x_{mn}^{(k)} \end{bmatrix}$$

令：

$$x_{ij}^+ = \max\{x_{ij}^{(1)}, x_{ij}^{(2)}, \cdots, x_{ij}^{(q)}\}, \quad x_{ij}^- = \min\{x_{ij}^{(1)}, x_{ij}^{(2)}, \cdots, x_{ij}^{(q)}\}$$

可得两个矩阵：

$$X^+ = (x_{ij}^+)_{m \times n}$$
$$X^- = (x_{ij}^-)_{m \times n}$$

这里的 X^+ 为关于评价矩阵的理想矩阵，X^- 为关于评价矩阵的负理想矩阵，选择投资效益的最优民办高校就是将每个被评价民办高校 $S_k (k = 1, 2, \cdots, q)$ 的评价系数矩阵 $X^{(k)}$ 和理想矩阵 X^+ 以及负理想矩阵 X^- 按照某种方法进行比较，如其中一个被评价对象最接近理对象，同时又远离负理想对象，则该评价对象应当是对象集中最优的。采用欧氏范数作为距离测度时，评价矩阵 $X^{(k)}$ 与理想矩阵 X^+、负理想矩阵 X^- 之间的距离分别为：

$$d_k^+ = d(X^{(k)}, X^+) = \left\{ \sum_{i=1}^{m} \sum_{j=1}^{n} (x_{ij}^{(k)} - x_{ij}^+)^2 \right\}^{\frac{1}{2}}, \quad k = 1, 2, \cdots, q$$

$$d_k^- = d(X^{(k)}, X^-) = \left\{ \sum_{i=1}^{m} \sum_{j=1}^{n} (x_{ij}^{(k)} - x_{ij}^-)^2 \right\}^{\frac{1}{2}}, \quad k = 1, 2, \cdots, q$$

d_k^+ 与 d_k^- 分别为被评价民办高校的评价值曲面与理想曲面和负理想曲面的欧氏距离。为了概括被评价民办高校与理想解距离，判断解的优劣，采用第 k 个被评价民办高校对理想解的相对贴近度，测度其投资效益的优劣，即：

$$f_k^* = \frac{d_k^-}{d_k^+ + d_k^-}, \quad 0 \leq f_k^* \leq 1, \quad k = 1, 2, \cdots, q$$

显然，$X^{(k)}$ 越靠近 X^+ 而远离 X^-，则 f_k^* 越大，则相应的民办高校越应排在前面,即被评价民办高校的投资效益越好,可根据 f_k^* 的大小对被评价的民办高校投资效益进行排序。

4.4.3 民办高校投资效益评价的实例分析

本研究选择河南省三所综合发展水平相近的民办高校,以其投资效益指标值为基础(指标数据通过对三所院校的调研取得),采用矩阵关联分析法,对三所民办高校的投资效益进行综合评价。为了全面评价这三所民办高校的投资效益水平,并动态反映三所高校的投资效益的变化特征,通过实地调研和测算,可以得到这三所学校 2013—2015 年的投资回报(收益)率等投资效益指标值,作为原始数据矩阵(表4.7)的评价数据。

表4.7 2013—2015 年民办高校 A、B、C 投资效益指标值

指标	民办高校 A			民办高校 B			民办高校 C		
	2013 年	2014 年	2015 年	2013 年	2014 年	2015 年	2013 年	2014 年	2015 年
收入支出比	1.13	1.12	1.14	1.15	1.16	1.18	1.16	1.19	1.17
投资回报率/%	15	13	15.6	16.2	16.8	18.1	17.2	18.3	16.9
资产保值增值率/%	110	108	109	112	115	112	118	120	118
净资产报酬率/%	8.6	9	8.2	10.1	11.2	10.3	12.3	13.1	12.5
生均教育成本/元	11 200	11 150	11 300	11 580	11 060	11 100	11 300	11 600	11 700
生师比	34	33	33	30	30	29	28	28	26
生均仪器设备值/元	4 224	4 320	4 450	4 560	4 600	4 650	4 860	4 900	4 900
生均校园面积/平方米	72	74	73	78	80	79	95	93	95
生均图书量/册	85	87	90	89	90	92	79	81	83
资产负债率/%	29	27	25	19.4	17.6	15	12.3	13	12.4
事业发展基金增长率/%	5.2	4.8	5.1	6.8	7.2	7.8	7.5	8.3	7.1
固定资产增长率/%	3.5	2.1	2.5	5.6	3.2	2.7	2.8	5.2	3.8
毕业生一次就业率/%	95	93	96	95	96	95	98	99	98
优秀毕业生率/%	12	12	12	13	12	12	13	15	14
论文发表数量/篇	161	223	473	271	363	435	146	264	135
科研项目完成率/%	86.7	88.9	90.1	93.5	94.6	95.1	95	95.6	95.3
科研成果使用率/%	8.9	8.3	8.1	11.2	13.2	14.1	12.3	14.2	15.2
社会贡献率/%	13.3	13.5	14	15.6	16.3	15.8	16.5	15.4	16.3

数据来源:对三所学校的实地调研整理所得

利用矩阵关联分析对三所民办高校的投资效益进行动态综合评价,评

价过程如下：

（1）利用本研究提出的指标数据标准化处理方法，对原始数据矩阵的进行规范化处理，可得标准化数据矩阵如表4.8所示。

表4.8 数据标准化矩阵

指标	民办高校A			民办高校B			民办高校C		
	2013年	2014年	2015年	2013年	2014年	2015年	2013年	2014年	2015年
收入支出比	0.14	0.00	0.29	0.43	0.57	0.86	0.57	1.00	0.71
投资回报率/%	0.38	0.00	0.49	0.60	0.72	0.96	0.79	1.00	0.74
资产保值增值率/%	0.17	0.00	0.08	0.33	0.58	0.33	0.83	1.00	0.83
净资产报酬率/%	0.08	0.16	0.00	0.39	0.61	0.43	0.84	1.00	0.88
生均教育成本/元	0.95	1.00	0.84	0.55	0.04	0.00	0.84	0.53	0.42
生师比	0.00	0.13	0.21	0.66	0.74	0.84	1.00	0.92	0.84
生均仪器设备值/元	0.00	0.06	0.21	0.67	0.78	0.83	0.91	0.97	1.00
生均校园面积/平方米	0.00	0.09	0.04	0.26	0.35	0.30	1.00	0.91	1.00
生均图书量/册	0.09	0.18	0.32	0.00	0.09	0.36	0.45	0.68	1.00
资产负债率/%	1.00	0.88	0.76	0.43	0.32	0.16	0.00	0.04	0.01
事业发展基金增长率/%	0.11	0.00	0.09	0.57	0.69	0.86	0.77	1.00	0.66
固定资产增长率/%	0.40	0.00	0.11	1.00	0.31	0.17	0.20	0.89	0.49
毕业生一次就业率/%	0.33	0.00	0.50	0.33	0.00	0.33	0.83	1.00	0.83
优秀毕业生率/%	0.00	0.00	0.00	0.33	0.00	0.00	0.33	1.00	0.67
论文发表数量/篇	0.08	0.26	1.00	0.40	0.67	0.89	0.03	0.38	0.00
科研项目完成率/%	0.00	0.25	0.38	0.76	0.89	0.94	0.93	1.00	0.97
科研成果使用率/%	0.11	0.03	0.00	0.44	0.72	0.85	0.59	0.86	1.00
社会贡献率/%	0.00	0.06	0.22	0.72	0.94	0.78	1.00	0.66	0.94

（2）根据规范化矩阵与正、负理想矩阵的定义分别求出正理想矩阵与负理想矩阵，如表4.9、表4.10所示。

表 4.9 正理想矩阵

指标	2013 年	2014 年	2015 年
收入支出比	0.57	0.71	0.71
投资回报率/%	0.79	0.79	0.79
资产保值增值率/%	0.83	0.83	0.83
净资产报酬率/%	0.84	0.88	0.88
生均教育成本/元	0.95	0.95	0.95
生师比	1.00	1.00	1.00
生均仪器设备值/元	0.91	1.00	1.00
生均校园面积/平方米	1.00	1.00	1.00
生均图书量/册	0.45	1.00	1.00
资产负债率/%	1.00	1.00	1.00
事业发展基金增长率/%	0.77	0.77	0.77
固定资产增长率/%	1.00	1.00	1.00
毕业生一次就业率/%	0.83	0.83	0.83
优秀毕业生率/%	0.33	0.67	0.67
论文发表数量/篇	0.40	0.40	0.40
科研项目完成率/%	0.93	0.97	0.97
科研成果使用率/%	0.59	1.00	1.00
社会贡献率/%	1.00	1.00	1.00

表 4.10　负理想矩阵

指标	2013 年	2014 年	2015 年
收入支出比	0.14	0.00	0.29
投资回报率/%	0.38	0.00	0.49
资产保值增值率/%	0.17	0.00	0.08
净资产报酬率/%	0.08	0.16	0.00
生均教育成本/元	0.55	0.04	0.00
生师比	0.00	0.13	0.21
生均仪器设备值/元	0.00	0.06	0.21
生均校园面积/平方米	0.00	0.09	0.04
生均图书量/册	0.00	0.09	0.32
资产负债率/%	0.00	0.04	0.01
事业发展基金增长率/%	0.11	0.00	0.09
固定资产增长率/%	0.20	0.00	0.11
毕业生一次就业率/%	0.33	0.00	0.33
优秀毕业生率/%	0.00	0.00	0.00
论文发表数量/篇	0.03	0.26	0.00
科研项目完成率/%	0.00	0.25	0.38
科研成果使用率/%	0.11	0.03	0.00
社会贡献率/%	0.00	0.06	0.22

(3) 计算被评价矩阵与正、负理想矩阵的距离可得：

$$d_1^+ = 5.1127, d_2^+ = 3.1423, d_3^+ = 2.1756$$
$$d_1^- = 2.4421, d_2^- = 3.6213, d_3^- = 5.1316$$

(4) 计算贴近度可得：

$$f_1^* = 0.3215, f_2^* = 0.5354, f_3^* = 0.7023$$

通过贴近度值可知民办高校 C 的投资效益最优,民办高校 B 次之,民办高校 A 的投资效益最差,从表 4.7 三所高校的投资效益的指标值可以发现,综合评价结果和实际情况相符。因此,可以利用本研究构建基于矩阵关联分析的综合评价方法,对民办高校的投资效益进行动态综合评价。

小 结

本章分析了民办高校的成本与收益构成,在明瑟收入法和教育内部收益率法的基础上,以投资收益应补偿投资成本与投资风险为理论基石,基于办学者的角度,建立了民办高校投资收益动态测度模型,实现了对民办高校投入产出效率的单项度量。该模型不但考虑了成本与收益的时间价值,还考虑了固定资产回收期对投资收益率的影响,分别给出了固定资产回收期内与固定资产回收期外的民办高校的投资收益率的测度公式,弥补了传统的投资收益率计算存在的不足,为民办高校投资收益率的计算提供了新方法。并利用该方法计算出2013—2015年我国民办高校在固定资产回收期内的投资收益区间为(7%,10%),在固定资产回收期外的投资收益区间为(14%,18%),测算结果进一步明晰了我国民办高校投资收益率在不同时期的动态变化情况,为民办高等教育投资提供了有益的参考。本章除了从资金回报的角度,还基于民办高校投资的经济、社会综合效益考量的视角,构建了我国民办高等教育投资效益评估指标体系,采用层次分析法,确定了指标权重,并借助以上指标体系,运用矩阵关联分析法建立了民办高校投资效益动态评估模型,为科学评估民办高校投资效益提供了方法支撑,也为进一步探讨民办高校风险防控奠定了分析基础。

5 我国民办高等教育投资风险评估与预警模型的构建

我国民办高等教育快速发展,民办高校办学规模不断扩大。然而,民办高等教育运行和发展中的风险也日益凸显。办学规模的扩张性、办学目标和专业结构的趋同性、资源配置的市场依赖性,将给民办高等教育持续健康发展带来风险,如政策风险、市场风险、财务风险、管理风险等。因此,剖析我国民办高校投资风险,建立我国民办高等教育投资风险评估体系,对防范与化解民办高校办学风险具有重要意义。本章将在上一章探讨我国民办高等教育收益回报的基础上,分析其投资风险类型,探究我国民办高等教育投资风险的成因,构建我国民办高等教育投资风险评估体系与预警体系,为加强民办高等教育投资风险控制、提高我国民办高等教育风险防控水平提供理论指导。

5.1 我国民办高等教育投资风险分析

民办高校的教育投资是一种生产性风险投资。民办高校投资收益与投资风险呈正相关,根据投资学和风险投资理论,民办高等教育投资以获取合理收益为目的,在公益性原则的前提下,投资者所获得的回报必须至少能够补偿投资的成本,投资的风险程度与投资风险报酬的大小成正比,若投资收益大于0,说明教育投资活动是合算的,是有利可图的。但是,由于受内外部多种因素的影响,其投资收益往往会波动起伏,在获得教育投资收益的同时,也会造成不同程度的投资风险(经营风险),投资收益会小于0,说明教育投资活动是不值得的。因而,有必要对民办高校投资风险进行分析。民办高校资金来源渠道单一,主要依靠学生缴费和高校自筹,具有投资回报周期长、投资的影响因素多、投资合理回报不确定等特点,受外部经济环境和高校内部办学信誉、招生人数、学费收入、后勤经营等因素的影响,在民办高校投资收益分析的基础上,建立民办高校投资风险评估与预警体系成为亟须解决的问题。

5.1.1 我国民办高等教育风险现状分析

自20世纪90年代以来,我国民办高等教育获得了快速的发展,办学规模与办学水平都有较大的提高。但是,随着高等教育的快速扩张,尤其是公办高校招生规模的不断扩大,我国高等教育市场竞争不断加剧,同时政策环境、市场环境的不确定性,使我国民办高等教育办学风险不断凸显。

我国民办高等教育在发展过程中出现了一系列的问题,诸如招生难、投资资金不足、办学效益低下等,甚至出现民办高校倒闭现象,民办高等教育进入了"高原期"。2001年,民办教育网和全国民办高教委发布一项民办高校跟踪调查,调查结果显示,被跟踪调查的民办教育机构中仍在正常运行的机构占总数不到四成。2003年民办高校比2002年减少了100多所。2004年,我国民办高等教育出现了招生难、倒闭院校增多的"倒春寒"现象。2005年底,南洋教育集团轰然倒塌,让整个我国民办教育界乃至整个社会为之震惊。1996年参加全国高等教育委员会第二次会议的400多所民办高校到2010年仅存40多所。我国民办高校的倒闭和兼并现象,呈现扩大化、多样化、集中化趋势,具有从非学历民办高等教育机构向民办普通高校转化的特征。

近年来,民办高校发展异常活跃和迅速,2011—2017年全国民办高校数量较2010年共计增加71所,招生人数也在不断增长,从2011年的153.73万人增至2017年的175.37万人。可见,"十二五"规划年间,民办高校不管从数量还是质量上,办学水平和办学层次都得到了显著提升,2017年民办高校比2016年增加了5所,2016年比2015年增加了8所。与此同时,在这个民办高校快速发展时期,民办高等教育的办学风险和质量提升问题却不容忽视。因此,识别民办高等教育的办学与投资风险,建立风险评估与防控体系,成为迫切需要解决的重要课题。

5.1.2 我国民办高等教育投资风险的分类

民办高等教育风险主要指民办高校的办学风险,包括投资风险、运营风险、管理风险等。投资风险是民办高等教育办学风险的重要组成部分。民办高等教育投资风险按其成因,可分为系统风险和非系统风险。系统风险主要是指影响民办高等教育发展的外部环境因素,包括政策风险、财务风险、市场风险等。内部环境因素引起的风险称为非系统风险,主要是指教育质量风险等。

5.1.2.1 政策风险

民办高等教育发展的政策风险是源自相关政策、法规的不健全形成的风险。《民办教育促进法》的出台,明晰了民办教育主体的权益和义务,完善了民办高等教育投资办学的相关规定,降低了民办高校的办学风险。但是,目前民办高等教育相关法规政策环境仍存在一些不足和不确定性因素,主要表现在以下三个方面:

(1)产权关系不明晰。产权关系直接影响投资者的权益,产权关系与产权制度会直接影响出资者对民办高等教育的投资预期,会对出资者的办学目标与办学行为产生重要影响。但目前,我国民办高等教育的相关政策与法规对民办高等教育出资人投入的资产归属权等问题尚未形成明确的规定,这将增加民办高等教育的投资风险。

(2)投资回报的不确定性。民办高等教育的合理回报率历来是高等教育投资者关注的焦点,合理回报率的实现是投资者权益的基本保障,取得合理的回报不但能够调动投资者的积极性,也能为民办高等教育的可持续发展提供基本保证。但目前,关于如何确定民办高校的合理回报率,以及如何保障民办高校合理回报率的实现等问题都尚未有明确的规定,这使得民办高等教育投资回报具有较大的不确定性,从而会增加民办高校投资的风险。

(3)相关政策可操作性不强。现阶段我国民办教育的相关政策难以落实,许多政策法规形同虚设。

5.1.2.2 市场风险

民办高校对市场的依赖与敏感程度远远高于公办高校,市场对民办高校的生存和发展的影响更为直接。民办高等教育的市场风险主要源自以下三个方面:

(1)生源市场风险。民办高等教育生源的数量与质量直接影响着其生存与发展。目前,我国民办高校的办学定位为专科层次,本科层次的民办高校只占少数,同时民办高等教育被公众认可度不高,加之民办高校的收费明显高于公办高校,随着适龄入学人口的下降,高校之间的生源之争日趋激烈,部分民办高校将面临招生难的问题,民办高等教育发展面临着一定的生源风险。

(2)办学市场风险。随着高等教育体制改革的深化,高等教育市场同业竞争不断加剧。公办高等教育不但享有较高的社会声誉和社会地位,享受政府财政的大力支持,而且拥有完善的基础设施和强大的师资队伍,其办学水平与办学能力明显优于民办高校。面对来自公办高校的竞争,民办高校的办学市场风险将不断增加。

(3)人才市场风险。提高毕业生的就业率,实现"出口"畅通,是民办高校求生存谋发展的基本前提。但随着高校毕业生的不断增加,高校毕业生的就业压力不断增大,用人单位对民办高校毕业生仍存在一定的歧视性,这都将使民办高校毕业生就业压力不断增大。毕业生的就业风险会对民办高校的生存与发展产生一定的影响。

5.1.2.3 财务风险

目前,许多民办高校存在着财务管理不规范、财务风险意识淡薄、风险防控能力不强的现象,这将增加和导致民办高校的办学风险。部分民办高校在扩大办学规模过程中,未考虑学校的可持续发展能力与偿债能力,盲目地通过增加银行贷款实现办学规模的扩张。这种负债发展模式,在一定时期内缓解了民办高校办学经费紧张的问题,为民办高校的快速发展与规模扩张提供了有力的资金保障,在一定程度上助推了民办高校的发展。但是,贷款是要还本付息的。民办高校偿债能力主要取决于民办高校的学杂费收入,而学杂费收入又不能无限制地提高。因此,民办高校的偿债风险也就凸显出来。

5.1.2.4 教育质量风险

民办高校的教育质量是其生命线。教育质量的好坏,直接影响着民办高校的办学质量与社会声誉,影响到民办高等教育的可持续发展,无疑会增加民办高校的投资风险。民办高校教育质量的高低取决于诸多因素,包括民办高校的教学管理水平、教学水平、生源质量等。随着民办高校规模扩张,在招生过程中出现了降低入学门槛,进而导致生源质量下滑等问题的出现。影响民办高等教育质量风险的另一个重要因素是师资力量与教学设施,民办高校的盲目扩张会导致师资力量与教学设施难以满足教学需求,导致教育质量下降。

5.2 民办高等教育投资风险成因分析

5.2.1 民办高等教育投资风险的外部环境成因

我国民办高等教育投资的外部环境对民办高等教育的投资风险会产生重要的影响,外部环境主要来源于法规政策环境等。健全与完善的政策法规是民办高等教育赖以发展的基础,政策法规的可操作性越强,越有利于民办高等教育的投资与发展,良好的外部政策环境可以有效地降低民办高等教育发展的风险,有利于创造良好的投资环境。《民办教育促进法》的出台与实施,对民办高校规避办学风险具有积极的意义。我国民办高等教育政策环境仍存在诸多的不确定性因素,不利于调动社会各界和公民个人对民办高校投资的积极性,且容易引发民办高等教育投资的政策风险。主要表现在以下几个方面。

5.2.1.1 产权关系界定不明晰

只有明晰民办高等教育的产权关系,才能有效保护投资者的合法权益,提高投资者的投资积极性,吸引民间资本加大对民办高等教育的投资力度。减少民办高等教育投资过程中的不确定性,降低投资者的投资风险,可以有效地调动投资者的积极性,为民办高校的正常运行提供保证,促进民办高校的可持续发展。我国现有的政策法规对民办高等教育产权做了一些界定,对明晰民办高校的产权进行了有益的尝试。目前,民办高校产权政策法规只对民办高等教育产权做了原则性规定,可操性并不强。其主要表现在:在产权的权能方面考虑了办学期间民办高校的法人财产权,但未考虑投资者或举办人的私人所有权;没有明确出资人对财产的收益权,只有投入机制,没有退出机制,财产收益权难以得到保障;缺少对投资人的产权主体地位及其权能所包括的所有权、交易权、收益权等权利与义务的明确规定。产权关系不明晰,增加了民办高等教育投资的不确定性,进而增加了民办高等教育投资的风险。产权制度的规定直接影响投资者对民办高等教育投资的积极性,产权关系不明晰会弱化社会资金对民办高等教育的投入,一定程度上限制了民办高等教育的社会融资渠道,使得民办高等教育的融资难度增加,同时也增加了其投资风险。

5.2.1.2 合理回报区间不确定

《民办教育促进法》规定,民办高校的出资人可拥有一种受管制的剩余索取权,并从程序性方面进一步明确了投资回报比例。同时还规定,出资人不要求取得合理回报的民办学校可以享受与公办学校相同的优惠政策,而要求取得合理回报的民办学校要享受的优惠政策则需要经过相关部门的批准。这使得保证投资者获得合理回报的规定难以落实,民办高校投资合理回报的政策具有较大的不确定性,这意味着民办高等教育出资者必须承担较其他投资项目更大的投资风险,才能获取相应的收益。而且,《民办教育促进法》对"出资人可以从办学结余中取得合理回报"的规定只是对出资者的一种奖励,不能体现投资人的产权利益内容,这也使民办高校的投资风险增加。在现实的办学实践中,由于"合理回报"缺乏可操作性及相关配套政策的支持,使得许多民办高校的合理回报难以实现。目前,对民办高校合理回报区间也缺少明确的规定。民办高等教育投资者投资办学过程中要承担资产风险,却无法保证其投资的收益,造成收益与投入成本不相符、权利与义务不对称,这将影响投资主体对民办高校的投资。

5.2.1.3 同等待遇政策难落实

为鼓励发展民办高等教育,国家出台了诸多优惠政策。但是,在缺少相关配套制度与措施的情况下,这些优惠政策可操作性不强,难以执行落实,以至于出现同等待遇空洞化的现象。

例如,我国政府已认识到政府资助对民办高校可持续发展的重要意义,《民办教育促进法》中明确规定,各级地方政府可设立用于资助民办学校发展的专项资金,可通过经费资助、转让闲置的国有资产等措施支持民办学校的发展。这些规定在一定程度上明确了政府的义务,为提高政府对民办高校的资助力度提供了政策依据。但是,对民办高校的资助办法、资助资金的筹措机制,以及政府与民办高校的权利与义务政府没有明确的规定,使得该项政策难以落实。

5.2.1.4 政府财政资助不到位

在发达国家,政府财政资助是私立高校资金来源的重要渠道,各国对私立高校的资助力度远远高于我国政府对民办高校的资助力度。比如,日本在20世纪80年代,国家资助的经费比例已占私立大学经费的29.5%。许多发展中国家对私立高等教育也有明确的资助政策。从我国发展民办高等教育的现实条件来看,当前民办高校在发展过程中经费极度紧张,许多学校几乎到了无法维系的地步,如若没有来自其他方面的资助,学校就难以生存,更谈不上发展,学校的财务风险和质量风险难以避免。政府资助政策的缺失,不利于民办高校的发展。此外,民办高校在办学征地、建设项目配套费减免、校办产业税收优惠、水电气供应等方面,无法与公办高校享受同等待遇。政府财政资助的缺失,无形中限制了民办高校的发展步伐,无疑也会加大民办高校的发展风险。

5.2.1.5 社会认可度不够高

经过多年的发展,我国民办高等教育取得了令人瞩目的成绩,社会各界对民办高等教育的认可程度不断提高,但就总体而言,社会各界对民办高等教育的认可度不够高,存在社会歧视与偏见现象,具体表现在招生受歧视、就业遇冷落和教师待遇难落实等方面。社会歧视与偏见的存在,不仅会造成对民办高等教育作用的片面认识,还会直接影响民办高等教育的发展,在短期内难以消除,也是民办高等教育自身无法解决的问题。社会歧视与偏见对民办高等教育的影响是深刻而巨大的,也是根深蒂固的,在短时期难以彻底消除,是民办高等教育自身无法从根本上解决的问题。因此,政府有责任也有义务引导社会观念的变革,为民办高等教育健康发展营造良好的社会氛围。

5.2.2 民办高等教育投资风险的内部因素成因

5.2.2.1 办学理念不清晰,办学定位不准确

民办高校的办学理念与办学定位是民办高校的本质与时代特征的综合反映,办学理念对民办高校的发展具有重要的导向作用。目前,我国部分民办高校办学存在理念不清晰、定位不准确的问题。主要表现在以下几个方面:

(1)办学思路模糊,办学理念不清晰。从我国民办高等教育发展历程可以看出,许多民办高校是在政策和市场的刺激下发展起来的。这些学校大都存在办学理念不明确现象。民办高校的管理者大多从公办高校聘用过来,习惯用公办高校的办学思想指导民办高校的办学,从而忽视了民办高等教育自身的特点,使民办高校的办学指导思想缺乏科学的理论支撑。部分民办高校在办学过程中,套用企业经营管理思想进行办学,忽视了高等教育自身规律,办学思想模糊,片面追求办学经济效益,盲目扩大办学规模,学科设置和专业设置混乱,忽视了办学水平与办学内涵建设,继而导致教育质量下降,为民办高校的可持续发展留下隐患。从长远看,民办高等教育的发展必须有科学的指导思想和明确的办学思路。

(2)风险意识淡薄,缺乏应对策略。国内民办高等教育投资者,由于对投资教育缺乏清晰的认识,风险意识淡薄,风险管理水平不高,进而引发高校办学风险增加,导致一些民办高校办学失败。对民办高等教育投资办学的特殊性及风险认识的不足,是引发民办高等教育风险增加原因之一。邬大光博士认为,我国民办高等教育发展中面临的困境,主要是由于投资者对投资办学的特殊性和风险认识不足造成的。

(3)不顾客观实际,一味贪大求全。民办高校的举办者对学校的办学规模、办学层次、办学类别、专业设置等应有一个宏观规划和分步实施计划,对其发展空间与前景应有清醒的认识。然而,不少办学者过分高估目前环境下民办高等教育的发展空间,乐观地认为,投资民办高等教育风险较小,因而,存在部分民办高校在盲目扩大办学规模中出现办学资金不足,形成烂尾工程和项目,造成办学风险不断积累,以致发生倒闭破产现象。还有的不顾客观实际,错误估计当前民办高等教育的发展形势,一味贪大、求全求高,而忽视了民办教育大环境的不断变化,不能适时调整学校的办学活动和发展思路,最终难免导致学校衰落甚至停办。

(4)办学定位不合理,缺乏科学的发展战略。目前相当一部分民办高校没有明确的发展目标,缺少科学的发展规划,在发展过程中出现盲目扩张。由于缺乏科学规划和发展战略,部分民办高校的办学目标和办学定位不明

确,盲目跟风发展,学科专业设置不合理,难以形成自己的办学特色,学校的发展方向与发展重点不明确,发展处于无序状态。民办高校只有发挥优势、扬长避短、准确定位与正确选择发展道路,才能实现学校的可持续发展。反之,则必然陷于困境。

5.2.2.2 内部管理不规范,办学效益不理想

健全的管理制度和规范的内部管理体系,不但有利于提高民办高校的办学水平与管理水平,还有利于增强其风险防范能力,促进其可持续发展。然而,我国许多民办高校存在着管理制度不健全、内部管理不规范等问题,造成部分民办高校投资风险不断增加,甚至走向倒闭。民办高校内部管理不规范主要表现在以下几个方面:

(1)财务制度不健全,预算执行不力。实现有效的财务管理是民办高校的内部管理的重要内容之一。但是,国内许多民办高校存在财务管理不规范现象,如财务制度不够健全、资产管理不够科学、投资回报不够合理等。预算管理是财务管理的重要组成部分。民办高校预算管理在防范民办高校财务风险中具有极其重要的作用。但是,当前一些民办高校缺少合理的预算管理体系。突出表现在两个方面:

1)教育成本预算管理与控制不严格。民办高校现行会计核算制度不完善,在进行会计核算时不能正确归并和及时反映教育成本和费用,以至于造成会计信息失真。民办高校在编制预算时,一般只是通过对一些数据的简单统计确定成本费用支出,这种预算编制方法往往不能体现其办学成本与效益的配比关系,也不能客观反映资产的保值及收支结余。

2)财务预算执行不力。严格财务预算和加强财务预算执行管理是提高民办高校财务预算管理水平的保证。但是,目前我国许多民办高校预算制度不健全,部门预算编制不科学、不完整,缺少有效的约束力。在教育经费供求矛盾突出的情况下,随意调整预算收支,出现预算编制和预算执行"两张皮"现象,预算执行结果和年度预算偏差很大,使得预算编制失去应有的作用。同时,预算执行与控制缺少相应的措施和有效的监督机制。

(2)招生行为不规范,招生秩序混乱。民办高校办学经费的主要来源是学杂费,而学杂费收入又主要取决于生源数量。有规模才会有效益,民办高校就有了扩大招生规模和办学规模的冲动。近年来,随着招生压力的不断加大,部分民办高校出现了超能力招生和虚假宣传等现象,招生秩序混乱,盲目扩大招生数量,降低招生门槛,教学质量不能保证,导致办学质量与办学信誉的不断下降,也导致办学风险不断增加。

(3)教学管理不正规,教育质量不高。目前,民办高校教育管理和教学质量的评价标准尚未建立。尽管大部分民办高校按照教育规律办学,并逐

步建立了教学管理制度,教学管理日益规范有序,教学质量不断提高,但仍有相当一部分学校的教育教学管理不规范,常规教学工作的中心地位难以落实,教学计划往往流于形式,教研活动难以开展。一些民办高校在发展初期,片面追求经济利益,忽视社会效益,使教育资源的发展与教育过程的实践不同步,教学管理不规范,教育质量不高。部分民办高校出现生源质量下降、教学设备不足、教师资源紧张、课程设置不合理等现象。因而,提升教育教学质量,全面落实民办高等教育"质量工程",实现民办高校从外延型向内涵型发展的战略,仍是当前我国民办高校防范教育质量风险的重要任务。

5.2.2.3 投资机制不健全,融资渠道不畅通

现代化的实验设施、丰富的图书资料、高素质的师资队伍都离不开巨额的资金投入。尤其在科学技术日益占主导的知识经济社会里,伴随着知识和技术设备更新周期的日趋缩短、人才竞争的日趋激烈,高等教育成本越来越高,总的投入不断提高。作为自筹资金、自负盈亏的民办高校,通过学校经营、金融市场或其他途径获取办学所需的资金,保持正常的资金链,是其日常经营和发展过程中一个至为关键的环节。当前,我国一些民办高校之所以出现发展停滞,甚至走向倒闭,究其根源,在于融资渠道不畅通,办学资金匮乏。我国民办高校获得办学资金的主要渠道有举办者投资、金融机构贷款、学费收入、捐赠收入、辅助设施赢利等。随着民办高校办学规模的不断扩大,举办者早期投入的资本渐渐无法满足其发展需要。因而,民办高校需要通过其他融资方式获得其发展资金。但是,在办学实践中,民办高校筹融资却处于困窘境地。由此可见,民办高校的融资渠道是高度单一的,几乎完全依赖于有限的学杂费和银行贷款。融资渠道的单一与不畅通直接制约着民办高校的可持续发展。

5.3 民办高等教育投资风险评估体系构建

5.3.1 民办高等教育投资风险评估指标设置原则

通过对民办高等教育投资风险分类与投资风险成因的分析,建立符合我国民办高等教育投资特点的风险评估指标体系,是民办高等教育投资风险评估的前提。民办高等教育投资风险评估指标体系应具有简单实用、可操作性强的特点。本部分将在民办高校投资风险分析的基础上,综合比较现有的高校投资风险评估指标体系设置准则,确立适合民办高校投资风险评估指标体系的设置准则。

5.3.1.1 科学性原则

科学性原则是指设置的民办高等教育投资风险评估指标体系要具有特征性、客观性、完备性和可比性等,指标体系能够全面系统反映评估对象的本质特征。其中,特征性是指评估指标能够全面系统地刻画民办高等教育投资风险的内在特征;客观性是指评估指标应尽可能选择客观揭示民办高校投资风险且受评估者主观影响较小的指标,应尽可能选择可量化的指标;完备性是指民办高等教育投资风险评估的目的,全面描述和刻画民办高等教育的投资方向状况,不能遗漏重要方面或有所偏颇;可比性是指设置的评估指标应在横向、纵向两个方面都可以进行比较。

5.3.1.2 适用性原则

适用性原则是指设置的民办高等教育投资风险评估指标要能适用于我国民办高等教育投资风险评估的实际需要,确保评估结果的科学合理。适用性原则主要体现在简明扼要、易于理解和可行性三个方面。简明扼要是指在评估指标的设置过程中应抓住能够反映民办高校投资风险本质的主要因素,通过对主要因素的提取、凝练,构造出指标体系,指标体系中的指标应具有独立性、自明性;易于理解是指设置的指标应内涵外延清晰,可以保证不同的评估主体对指标理解和界定一致;可行性是指指标设置简明实用、易于量化处理和计算,且指标数据易于采集。

5.3.2 民办高等教育投资风险评估指标体系设计

根据我国民办高等教育投资风险的类型及投资风险的特点,遵循我国民办高等教育投资风险评估指标体系的构建原则,借鉴我国高等教育投资风险评价指标体系的最新研究成果,在征求专家意见的基础上,本研究从民办高校财务风险、运营风险、发展风险3个维度构建出一个由3个一级指标、19个二级指标构成的民办高校办学投资风险评价指标体系,如表5.1所示。

确定指标权重的方法一般分为主观定权法与客观定权法两大类。本研究将利用钱吴永、党耀国等在《基于灰色关联定权的加权TOPSIS法及其应用》中提出的基于灰色关联分析确定指标权重方法来确定指标的权重。该方法具体步骤如下:

(1)确定核心指标。一般选取对评估影响最重要的因素作为核心指标,把核心指标对应的指标值向量,记为 $X_0 = (x_{10}, x_{20}, \cdots, x_{n0})^T$,作为元序列,选取其他因素指标为子指标,把子指标所对应的指标向量记为 $X_j = (x_{1j}, x_{2j}, \cdots, x_{nj})^T$,$j = 1, 2, \cdots, m$,作为子序列。

5 我国民办高等教育投资风险评估与预警模型的构建

表 5.1 民办高校风险投资评价指标体系

一级指标	二级指标	指标代码
财务风险 (finacial risk, FR)	教学公用支出年增长率	FR1
	固定资产年增长率	FR2
	年末借入款总额占总经费的比重	FR3
	年末净存款占总支出的比重	FR4
	年末总支出与总收入之比	FR5
	年末负债资金总额	FR6
	应收及暂付款占年末流动资产比重	FR7
	资产负债率	FR8
	设备购置费	FR9
运营风险 (operating risk, OR)	具有研究生学位教师比例	OR1
	办学经费自给率	OR2
	生均培养费	OR3
	生均设备费	OR4
	教职工人均获取经费额	OR5
	人员经费占总支出比例	OR6
发展风险 (developing risk, DR)	高职称教师比例	DR1
	在校生增长率	DR2
	生均教育经费变化率	DR3
	生均学杂费变化率	DR4

(2) 分别对 X_0, X_j 进行初值化处理,记为 $x_{i0}' = x_{i0}/x_{10}$,$x_{ij}' = x_{ij}/x_{1j}$,$X_0' = (x_{10}', x_{20}', \cdots, x_{n0}')^T$,$X_j' = (x_{1j}', x_{2j}', \cdots, x_{nj}')^T$,可得初值化指标矩阵 $B = (X_0', X_j')$。

(3) 计算 X_j 与 X_0 的关联系数为:

$$r_{ij} = \frac{\min\limits_{1 \leq j \leq m} \min\limits_{1 \leq i \leq n} |x'_{i0} - x'_{ij}| + \rho \max\limits_{1 \leq j \leq m} \max\limits_{1 \leq i \leq n} |x'_{i0} - x'_{ij}|}{|x'_{i0} - x'_{ij}| + \rho \max\limits_{1 \leq j \leq m} \max\limits_{1 \leq i \leq n} |x'_{i0} - x'_{ij}|}$$

得关联系数矩阵:

$$R = (r_{ij})_{m \times n}$$

再对矩阵 $R = (r_{ij})_{m \times n}$ 的列,求平均数,得:

$$r_j = \frac{1}{n}\sum_{i=1}^{n} r_{ij}, j = 1,2,\cdots,m$$

上式反映了第 j 指标与核心指标的关联程度,r_j 越大,说明第 j 指标与核心指标越靠近,对待评价方案的影响越大,因此该指标在整个指标空间中所占的比重就越大。

(4)将 $r_j, j = 1,2,\cdots,m$ 进行归一化处理,并令:

$$\omega_j = \frac{r_j}{\sum_{j=1}^{m} r_j}, j = 1,2,\cdots,m$$

可将 $\omega = (\omega_1, \omega_2, \cdots, \omega_n)^T$ 作为指标权重。

5.3.3 民办高校投资风险评估模型的构建

民办高校投资风险评价是一个多指标综合评价问题。现有的多指标综合评价方法大多为统计分析法,统计分析法需要建立在大样本数据分析的基础上,而我国民办高校的投资风险指标数据具有小样本、贫信息的特点,利用传统的评价方法对民办高校的投资风险进行评价难以取得令人满意的评价结果。另外,利用传统的综合评价结果难以对民办高校投资风险的高低进行科学的划分。根据民办高校投资风险评价的特征,本研究将利用灰色白化权聚类思想构建出适合民办高校投资风险评价模型。

5.3.3.1 灰色白化权聚类模型基本原理

灰色白化权聚类是根据灰色白化权函数将一些观测对象划分成若干个可定义类别的方法。属于同类的观测对象的集合可以看成一个聚类。灰色白化权聚类主要应用于监测对象是否属于事先设定的某个类别,以做区别对待与分类处理。灰色白化权聚类的基本原理是:根据反映观测对象特征的多个指标值,计算出各个被评价对象属于每个灰子类的聚类系数,并依据聚类系数最大原则来识别被观测对象所属的灰类。灰色白化权聚类的核心是给出各个指标 j 隶属于灰类 k 的白化权函数 $f_j^k(x_{ij})$ 及权重 w_j。灰色白化权函数的确定方法主要有三种:累积百分频数法,三角白化权函数法,由定性分析或参照行业规范、国家标准确定的白化权函数法。其中后两种方法是以定性分析为主的方法。本研究将在三角白化权函数法的基础上,对传统三角白化权函数进行改进,采用基于中心点的三角白化权函数确定法,建立民办高校投资风险灰色评估模型。

5.3.3.2 基于中心点三角白化权函数的灰色评估模型建模步骤

基于中心点三角白化权函数灰色评估方法的具体步骤如下:

步骤1:假设将评估对象划分成 s 个灰类,据此将 $j(j=1,2,\cdots,m)$ 指标的取值范围也相应化为 s 个灰类。设 $\lambda_k(k=1,2,\cdots,s)$ 为 k 灰类的中心点,即最可能属于 $k(k=1,2,\cdots,s)$ 灰类的点。由此可将 $j(j=1,2,\cdots,m)$ 指标 $k(k=1,2,\cdots,s)$ 灰类的取值范围界定为 $[\lambda_{k-1},\lambda_k]$,$k=1,2,\cdots,s$。对于第1个灰类的左端点 λ_0 和第 s 的端点 λ_{s+1},可以将 j 指标取数域向左、右延拓而得。

步骤2:同时连接 $(\lambda_k,1)$ 与第 $k-1$ 个小区间的中点 $(\lambda_{k-1},0)$ 以及 $(\lambda_k,0)$ 与第 $k+1$ 个小区间的中心点 $(\lambda_{k+1},0)$,得到 j 关于 k 灰类的三角白化权函数 $f_j^k(\cdot)$,$j=1,2,\cdots,m$;$k=1,2,\cdots,s$。对于 $f_j^1(\cdot)$ 和 $f_j^s(\cdot)$,可分别 j 指标的指数取值范围向左、右延拓至 λ_0,λ_{s+1},可得 j 指标关于灰类 s 的三角白化权函数 $f_j^1(\cdot)$ 和 j 指标关于灰类 s 的三角白化权函数 $f_j^s(\cdot)$(见图5.1)。

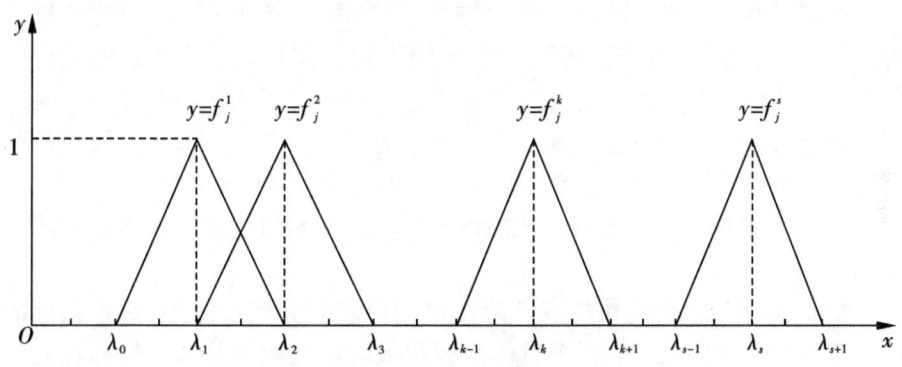

图5.1 中心点三角白化权函数

对指标 j 的一个观测值 x,可由

$$f_j^k(x)=\begin{cases}0, & x\notin[\lambda_{k-1},\lambda_{k+1}]\\ \dfrac{x-\lambda_{k-1}}{\lambda_k-\lambda_{k-1}}, & x\in(\lambda_{k-1},\lambda_{k+1}]\\ \dfrac{\lambda_{k+1}-x}{\lambda_{k+1}-\lambda_k}, & x\in(\lambda_{k-1},\lambda_{k+1})\end{cases}$$

计算出其属于灰类 $k(k=1,2,\cdots,s)$ 的隶属度 $f_j^k(x)$。

步骤3：计算对象 $i(i=1,2,\cdots,n)$ 关于灰类 $k(k=1,2,\cdots,s)$ 的综合聚类系数 σ_i^k：

$$\sigma_i^k = \sum_{j=1}^m f_j^k(x_{ij}) \cdot \eta_j$$

其中，$f_j^k(x_{ij})$ 为 j 指标 k 子类白化权函数，η_j 为指标 j 在综合聚类中的权重。

步骤4：由 $\max\limits_{1\leqslant k\leqslant s}\{\sigma_i^k\} = \sigma_i^{k^*}$，确定对象 i 属于灰类 k^*；当有多个对象同属于 k^* 灰类时，可以根据综合聚类系数的大小确定同属于 k^* 灰类的各个对象的优劣与位次。

在构建三角白化权函数时，需要根据问题的实际背景，采用专家调查法确定出三角白化权函数的表达式，并给出评价等级的划分标准，为便于计算比较，一般采用百分制的方法设置白化权函数。

5.3.3.3　民办高校投资风险评价模型测算步骤

根据民办高校投资风险评价的特点，将民办高校投资风险评价结果分为无风险、低风险、中风险、高风险四个不同等级，采用基于中心点的三角白化权聚类评价模型对民办高校投资风险进行评价。设有 n 评价对象，m 个评价指标，评价对象 i 关于指标 j 的观测值为 x_{ij}，$j=1,2,\cdots,m$。按照灰色白化权聚类评价模型对民办高校投资风险进行综合评价的具体步骤如下。

步骤1：根据民办高校投资风险评价指标的观测值建立评价指标观测中矩阵 $A = (x_{ij})_{n\times m}$。

步骤2：按照民办高校投资风险评价的要求划分评价等级，对各指标的取值范围也做相应划分。每个具体指标灰数的取值域划分及各指标在灰色聚类的权重可以根据计算公式得到，指标权重可通过灰色关联分析法确定。

步骤3：构造 j 指标关于 k 等级的白化权函数 $f_j^k(\cdot)$，$j=1,2,\cdots,m$。将民办高校投资风险评估结果分为无风险、低风险、中风险、高风险四个不同的等级，对应的白化权函数分别记为 $f_j^1(\cdot)$、$f_j^2(\cdot)$、$f_j^3(\cdot)$、$f_j^4(\cdot)$，其中 $f_j^k(\cdot)$ 的构造方法按照基于中心点的三角白化权方法给出。

步骤4：计算民办高校 i 关于 k 等级的灰色白化权聚类评估系数。

$$\sigma_i^k = \sum_{i=1}^m f_j^k(x_{ij}) \eta_j^k$$

步骤 5：由 $\max_{1\leq k\leq 4}\{\sigma_i^k\} = \sigma_i^{k^*}$，判定民办高校 i 投资风险所属的类别，并根据评价结果分析民办高校的投资风险情况。

5.3.3.4 应用实例

下面我们利用构建的民办高校投资风险评价模型对河南省 A、B、C 三所民办高校的投资风险进行评价。通过对河南省三所院校的实地调研获得三所院校的投资风险指标数据（实际值见附录 2），为消除指标量纲的影响，按照白化权函数的设置习惯，将三所民办高校的投资风险指标观测值转化为百分制的指标值，具体见表 5.2。

表 5.2　2015 年河南三所民办高校投资风险指标换算值

指标类型（一级指标）	指标代码	民办高校 A 原始指标值换算值	民办高校 B 原始指标值换算值	民办高校 C 原始指标值换算值
财务风险 FR	FR1	62	71	88
	FR2	63	70	89
	FR3	62	60	79
	FR4	75	66	78
	FR5	60	78	82
	FR6	74	68	90
	FR7	78	73	85
	FR8	69	76	74
	FR9	78	82	88
运营风险 OR	OR1	66	72	78
	OR2	69	85	91
	OR3	70	80	85
	OR4	68	78	80
	OR5	78	75	89
	OR6	76	78	83
发展风险 DR	DR1	66	83	88
	DR2	70	85	80
	DR3	72	80	85
	DR4	62	82	80

可得三所民办高校的指标观测矩阵为下列 A 矩阵，其中指标 $X_1 \sim X_{19}$ 对应的是表 5.2 中 FR1～DR4：

$$A = \begin{pmatrix} 62 & 63 & 62 & 75 & 60 & 74 & 78 & 69 & 78 & 66 & 69 & 70 & 68 & 78 & 76 & 66 & 70 & 72 & 62 \\ 71 & 70 & 60 & 66 & 78 & 68 & 73 & 76 & 82 & 72 & 85 & 80 & 78 & 75 & 78 & 83 & 85 & 80 & 82 \\ 88 & 89 & 79 & 78 & 82 & 90 & 85 & 74 & 88 & 78 & 91 & 85 & 80 & 89 & 83 & 88 & 80 & 85 & 80 \end{pmatrix}$$

可构造如下基于中心点的三角白化权函数：

$$f_j^1(x) = \begin{cases} 0, x \notin [80,100] \\ \dfrac{x-80}{90-80}, x \in (80,90] \\ \dfrac{100-x}{100-90}, x \in (90,100) \end{cases}$$

$$f_j^2(x) = \begin{cases} 0, x \notin [70,90] \\ \dfrac{x-70}{80-70}, x \in (70,80] \\ \dfrac{90-x}{90-80}, x \in (80,90) \end{cases}$$

$$f_j^3(x) = \begin{cases} 0, x \notin [60,80] \\ \dfrac{x-60}{70-60}, x \in (60,70] \\ \dfrac{80-x}{80-70}, x \in (70,80) \end{cases}$$

$$f_j^4(x) = \begin{cases} 0, x \notin [50,70] \\ \dfrac{x-50}{60-50}, x \in (50,60] \\ \dfrac{70-x}{70-60}, x \in (60,70) \end{cases}$$

利用灰色关联分析法确定各指标的权重分别为：0.05,0.04,0.08,0.06,0.04,0.06,0.02,0.06,0.06,0.03,0.06,0.06,0.05,0.04,0.04,0.06,0.06,0.06,0.03。

根据各指标的实际值和计算出的权重值，利用构建的各灰类三角白化权函数,可计算出民办高校 A 各指标的聚类系数和综合聚类系数矩阵。如表 5.3、5.4、5.5 所示。

表 5.3　民办高校 A 的各指标聚类系数及所属的灰类

灰类	无风险	低风险	中风险	高风险	权重
x_1	0	0	0.2	0.8	0.05
x_2	0	0	0.3	0.7	0.04
x_3	0	0	0.2	0.8	0.08
x_4	0	0.8	0.2	0.4	0.06
x_5	0	0	0	1	0.04
x_6	0	0.4	0.6	0	0.06
x_6	0	0.8	0.2	0	0.02
x_8	0	0	0.9	0.1	0.06
x_9	0	0.8	0.2	0	0.06
x_{10}	0	0	0.4	0.6	0.03
x_{11}	0	0	0.9	0.1	0.06
x_{12}	0	0	1	0	0.06
x_{13}	0	0	0.2	0.8	0.05
x_{14}	0	0.8	0.2	0	0.04
x_{15}	0	0.6	0.4	0	0.04
x_{16}	0	0	0.4	0.6	0.06
x_{17}	0	0	0	1	0.06
x_{18}	0	0	0.2	0.8	0.06
x_{19}	0	0	0.2	0.8	0.03
$x(A)$	0	0.192	0.358	0.434	

表5.4 民办高校B的各指标聚类系数及所属的灰类

灰类	无风险	低风险	中风险	高风险	权重
x_1	0	0.1	0.9	0	0.05
x_2	0	0	1	0	0.04
x_3	0	0	0	1	0.08
x_4	0	0	0.6	0.4	0.06
x_5	0	0.8	0.2	0	0.04
x_6	0	0	0.8	0.2	0.06
x_6	0	0.3	0.6	0	0.02
x_8	0	0.6	0.4	0	0.06
x_9	0.2	0.8	0	0	0.06
x_{10}	0	0.2	0.8	0	0.03
x_{11}	0.5	0.5	0	0	0.06
x_{12}	0	1	0	0	0.06
x_{13}	0	0.8	0.2	0	0.05
x_{14}	0	0.5	0.5	0	0.04
x_{15}	0	0.8	0.2	0	0.04
x_{16}	0.3	0.6	0	0	0.06
x_{16}	0.5	0.5	0	0	0.06
x_{18}	0	1	0	0	0.06
x_{19}	0.2	0.8	0	0	0.03
$x(B)$	0.096	0.465	0.275	0.016	

表 5.5　民办高校 C 的各指标聚类系数及所属的灰类

灰类	无风险	低风险	中风险	高风险	权重
x_1	0.8	0.2	0	0	0.05
x_2	0.9	0.1	0	0	0.04
x_3	0	0.9	0.1	0	0.08
x_4	0	0.8	0.2	0.4	0.06
x_5	0.2	0.8	0	0	0.04
x_6	1	0	0	0	0.06
x_6	0.5	0.5	0	0	0.02
x_8	0	0.4	0.6	0	0.06
x_9	0.8	0.2	0	0	0.06
x_{10}	0	0.8	0.2	0	0.03
x_{11}	0.9	0	0	0	0.06
x_{12}	0.5	0.5	0	0	0.06
x_{13}	1	0	0	0	0.05
x_{14}	0.9	0.1	0	0	0.04
x_{15}	0.3	0.7	0	0	0.04
x_{16}	0.8	0.2	0	0	0.06
x_{17}	0	1	0	0	0.06
x_{18}	0.5	0.5	0	0	0.06
x_{19}	0	1	0	0	0.03
$x(C)$	0.462	0.400	0.062	0.024	

从表 5.3 至表 5.5 可以看出，民办高校 A 的总体评价结果中最高值属于第四灰类，即高风险类；同理可计算出民办高校 B 的总体评价结果第二灰类，即属于低风险类；民办高校 C 的评估最高值总体评价结果最高值属于第一灰类，即属于无风险类。

5.4 我国民办高校投资风险预警系统构建

5.4.1 我国民办高校投资风险预警系统的设计

民办高校投资风险预警系统主要包括预警指标体系的构建、民办高校投资风险预警模型、预警信号识别系统、警情预报。其中，民办高校投资风险预警指标体系的构建是整个模型体系的基础，是民办高校投资风险预警模型建立的前提。民办高校投资风险预警是建立在民办高校投资风险评估的基础上，对风险变动趋势进行分析，民办高校投资风险预警与民办高校投资风险评估都是对民办高校投资风险的分析，因此，可以利用民办高校投资风险评估指标体系中的指标对民办高校投资风险进行预警分析。民办高校投资风险预警模型是整个系统的核心。民办高校投资风险预警模型是衡量民办高校投资风险大小的方法与技术。预警信号识别系统是根据民办高校的投资风险预警值和警限的设定建立起来的警度判别系统，主要是利用风险预警模型计算出的警度值与警限值的比较，判断民办高校投资风险的大小，并发出预警信号。民办高校投资风险预警系统设计见图5.2。

5.4.2 我国民办高校投资风险预警方法和标准选择

预警的本质是分析被评估系统的发展与运行是否偏离预期目标，并根据偏离程度发出预警信号，及时进行干预与控制，保证系统有效运作。功效系数法是根据多目标规划原理，通过对评价指标满意值的实现程度计算，实现对评价对象的综合判断。该方法可以用来测度系统运行偏离预期目标的程度，而对民办高校投资风险进行预警，实质上就是测度民办高校投资风险的范围是否偏离预期目标。功效系数法可以减少单一标准评价造成的评价结果偏差，能够满足被评价对象各个指标值相差较大情况下，减少误差，客观反映被评价对象的状况。同时，功效系数法计算简单，便于推广应用。因此，可采用功效系数法对我国民办高校的投资风险进行测度。

功效系数的本质是求出各评价指标实际值在该指标全距中所处的位置的比率。功效系数法一般是先确定各指标的满意值与不允许值，满意值是指各指标可能达到的最优水平，不允许值是各指标的可能达到的最差水平。可以根据各个评价指标的内涵，结合我国民办高等教育发展的实际情况，通过我国民办高校投资相关统计资料和实际调研，收集整理我国民办高等教育投资风险预警指标实际数据，并在咨询民办高等教育管理者、研究者的基础上，确定民办高等教育投资风险预警指标体系中各个指标的满意值和不

5 我国民办高等教育投资风险评估与预警模型的构建

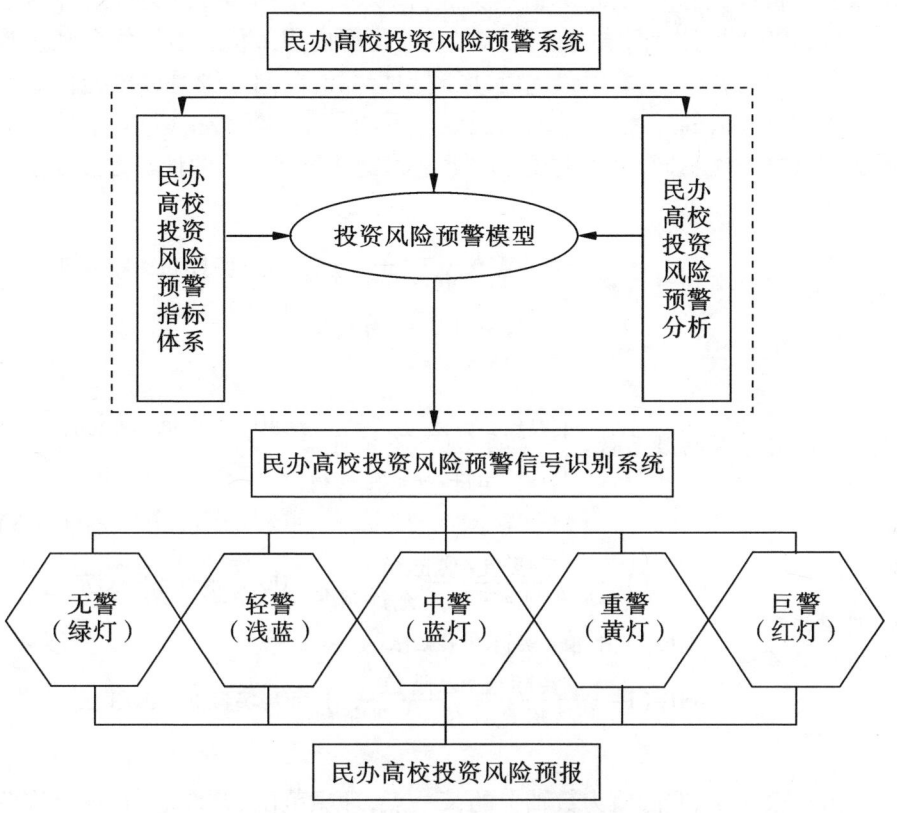

图 5.2　民办高校投资风险预警体系设计

允许值,满意值和不允许值确定之后,利用单项功效系数计算公式计算各类指标的单项功效系数,并确定出各指标的权重。在单项功效系数和指标权重计算的基础上,求出评价对象的综合功效系数,根据综合功效系数得分进行警情预报。一般对单项指标评分采用百分法,并且根据一般研究的经验数据可推断得出指标的单项评分、单项功效系数、综合评分值的计算公式如下:

$$单项指标评分 = 60 + 单项功效系数 \times 40 \qquad (5-1)$$

$$单项功效系数 = \frac{(指标实际值 - 指标不允许值)}{(指标满意值 - 指标不允许值)} \qquad (5-2)$$

$$综合评分值 = \sum 单项指标评分值 \times 该指标的权数 \qquad (5-3)$$

根据预警指标中各指标的特点,可将预警指标划分成三种不同类型:

①效益型指标,该类型的指标值越大越好;②成本型指标,该类型指标值越小越好;③区间型指标,该类型指标在某一范围内为最优。指标值在某一范围时,认为该指标达到取得最优值,区间型指标的区间范围是根据指标的实际意义和经验值的最大、最小取值确定。不同类型的预警指标,其单项功效系数的计算方法不同,可对上述三种类型的指标设计不同的计算方法如下:

$$效益型指标单项功效系数=\begin{cases}60+\dfrac{实际值-不允许值}{满意值-不允许值}\times 40, & 实际值<满意值\\ 100, & 实际值\geq 满意值\end{cases}$$
(5-4)

$$成本型指标单项功效系数=\begin{cases}60+\dfrac{实际值-允许值}{满意值-不允许值}\times 40, & 实际值>满意值\\ 100, & 实际值\leq 满意值\end{cases}$$
(5-5)

$$区间型指标单项功效系数=\begin{cases}60+(1-\dfrac{下限值-实际值}{下限制-下限不允许值})\times 40, & 实际值<下限值\\ 100, & 下限值<实际值<上限值\\ 60+(1-\dfrac{实际值-上限值}{上限不允许值-上限值})\times 40, & 实际值>上限值\end{cases}$$
(5-6)

上述公式中,实际值为数轴上的某一点,理想范围、允许范围、不允许范围如图5.3至5.5所示。

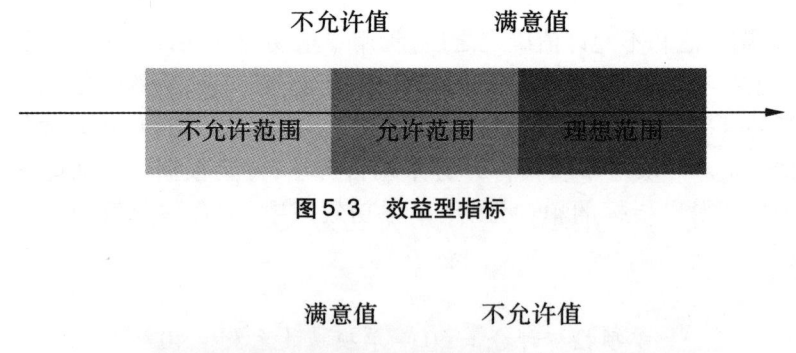

图5.3 效益型指标

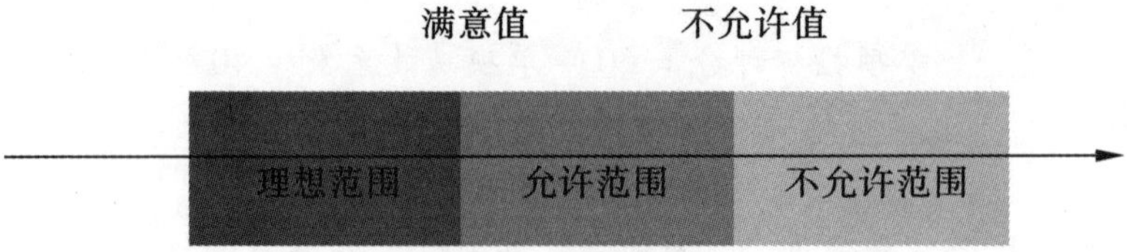

图5.4 成本型指标

5 我国民办高等教育投资风险评估与预警模型的构建

```
下限不允许值    上限值    下限值    上限不允许值

理想范围 | 理想范围 | 允许范围 | 不允许范围 | 不允许范围
```

图 5.5　区间型指标

根据民办高等教育投资风险的功效系数法的构造原理可知,综合功效系数值越大,表明被评价对象的各个预警指标值与满意值就越接近,被评价对象的投资风险偏离理想状态的程度就越小,被评价对象的风险就越小;从功效系数函数的设定可以看出,被评估对象的功效系数得分介于 60 到 100 之间,而一般预警警限划分为 5 个等级,若综合功效系数得分小于 60,则表明评估对象严重偏离预期目标,为巨警,将 60 到 100 之间均等划分为四个区间,分别对应重警、中警、轻警、无警。功效系数的分区间与相应的警限,如表 5.6 所示。

表 5.6　警限与综合功效系数

警限	综合功效系数值	警灯
巨警	≤60	红灯
重警	60~70	黄灯
中警	70~80	蓝灯
轻警	80~90	浅蓝灯
无警	≥90	绿灯

确定了各类警限的区间后,便可通过观测综合功效系数所在的区间监测警度,预报警情。

5.4.3　民办高校投资风险预警的实例分析

为充分利用本研究的调研数据,此处仍以 5.3 节中河南省 A、B、C 三所民办高校为例,对这三所高校的投资风险进行测度。2015 年河南省三所民办高校的预警指标值见表 5.7。

表 5.7 2015 年河南省 A、B、C 三所民办高校投资风险指标值

二级指标	高校 A 指标值	高校 B 指标值	高校 C 指标值
教学公用支出年增长率/%	12	15	18
固定资产年增长率/%	6	8	10
年末借入款总额占总经费的比重/%	23	20	18
年末净存款占总支出的比重/%	85	83	89
年末总支出与总收入之比/%	0.78	0.86	0.84
年末负债资金总额/%	920	1000	800
应收及暂付款占年末流动资产比重/%	15	14	16
资产负债率/%	26	23	25
设备购置费/万元	320	300	280
具有研究生学位教师比例/%	3.2	4	6
办学经费自给率/%	82	90	92
生均培养费/元	11 800	11 200	10 800
生均设备费/元	4 020	4 300	4 500
教职工人均收入/元	48 200	51 000	53 000
人员经费占事业经费支出比例/%	28	27	25
高级职称教师比例/%	23	26	29
在校生增长率/%	6	4	3
生均教育经费变化率/%	2.3	3	4
生均学杂费变化率/%	2.1	3	3

说明:2015 年河南省 A、B、C 三所民办高校的预警体系指标的相关数值通过调研、访谈的方式获得

根据以上数据,下面利用层次分析法确定各指标权数并计算河南省 A、B、C 三所民办高校的警限值。首先,利用层次分析法确定指标权重,设计出相关调查问卷,并对河南省教育厅、郑州大学、河南大学、许昌学院、黄河科技学院、郑州科技学院、郑州华信学院、郑州升达经贸管理学院的相关专家发放调查问卷共计 80 份,收回 73 份,其中有效问卷 52 份,基于问卷调查结果,利用层次分析法确定出预警指标权重见表 5.8。

5 我国民办高等教育投资风险评估与预警模型的构建

表5.8 预警指标体系权重

一级指标	一级指标权重	二级指标	二级指标权重
财务风险(FR)	45%	教学公用支出年增长率	10%
		固定资产年增长率	11%
		年末借入款总额占总经费的比重	11%
		年末净存款占总支出的比重	12%
		年末总支出与总收入之比	13%
		年末负债资金总额	10%
		应收及暂付款占年末流动资产比重	13%
		资产负债率	10%
		设备购置费	10%
运营风险(OR)	30%	具有研究生学位教师比例	15%
		办学经费自给率	25%
		生均培养费	15%
		生均设备费	12%
		教职工人均收入	16%
		人员经费占事业经费支出比例	17%
发展风险(DR)	25%	高级职称教师比例	25%
		在校生增长率	30%
		生均教育经费变化率	25%
		生均学杂费变化率	20%

根据公式(5-4)、(5-5)、(5-6),对照各自的指标属性,计算出各自的单项功效系数,然后再根据公式 $Q = \sum_{i=1}^{3} q_{ij}p_{ij}$,计算出河南省 A、B、C 三所民办高校的投资风险的预警值分别为:67,74,86。对照表5.6,可以发现 A 高校处于重警状态,B 高校处于中警状态,C 高校处于轻警状态,此处的预警结果与5.3节中对三所民办高校投资风险测度的结果具有一致性,这也在一定程度上表明本研究所构建的民办高校投资风险评估模型与风险预警模型的有效性与一致性。因此,A、B 高校应加强投资风险防控,建立风险预警动态监测体系,并采取积极的应对措施,以有效地降低其办学风险。

小 结

本章对我国民办高等教育投资风险进行了科学的分类和总结,并对投资风险成因进行了系统分析,明晰了民办高校投资风险形成的内外部因素。在民办高等教育投资风险成因分析的基础上,构建了民办高校投资风险评价指标体系,针对普通多指标评价方法无法实现对被评估对象客观分类的问题,吸收灰色白化权聚类评价方法的最新成果,建立了基于中心点的三角白化权函数聚类模型,并通过实证分析,检验了模型的有效性。该模型克服了传统多指标评价模型的综合评价结果不能客观分类的不足,为民办高校投资风险量化评估提供了新视角。根据民办高校风险预警的内涵,还设计出了我国民办高等教育投资风险预警系统,结合功效系数法的原理,建立了基于功效系数法的民办高等教育投资风险警度计算模型。该模型不但能够测度民办高校投资风险的警度,以对民办高等教育投资风险的警情做出判断,而且体现了评估过程的层次性,计算简单、易于操作,为民办高等教育预警提供了有效的方法支撑。并通过实证分析,验证了民办高校投资风险评价模型与民办高等教育投资风险预警模型的有效性,两模型的实证分析结果具有一致性。基于灰色三角白化权的民办高校投资风险评估模型是进行民办高校投资风险评估的有效方法,可以实现对民办高校投资风险的全面评估,并可以对投资风险进行分类,而基于功效系数法的民办高校投资风险预警模型是民办高校投资风险预警的有效方法,可以实现对民办高校投资风险进行事前预警,为防范民办高校的投资风险提供参考,风险评估结果可以为预警提供参考,预警是风险评估的延伸,所以本论著所构建的民办高校投资风险评估模型与民办高校投资风险预警模型两者互为补充,为民办高校投资风险分析与风险预警的提供了完整的方法体系。本章研究的内容,丰富了我国民办高等教育投资风险评估与预警的方法体系,为民办高等教育投资风险研究提供了多样化的工具。

6 我国民办高等教育投资环境预测及投资对策分析

民办高等教育投资环境的变化对民办高等教育的投资与可持续发展具有重要影响。民办高校投资环境分析,是制定民办高等教育发展规划和进行民办高校投资决策的重要依据,因此,对民办高等教育投资环境的预测分析是制定民办高校投资对策的基础。本章将对影响我国民办高校投资的内外部环境的变化进行预测分析,重点预测分析我国宏观经济发展水平;政策环境、民办高校的生源、民办高校行业发展趋势、民办高校投资潜力等,并在对民办高校投资环境预测的基础上,提出我国民办高等教育投资的对策,为民办高等教育投资提供依据、借鉴和指导。

6.1 我国民办高等教育投资的外部环境预测

6.1.1 我国宏观经济、社会环境预测分析

一个国家或地区的经济、社会发展水平是民办高等教育赖以发展的基础与保证,我国经济持续快速发展为民办高等教育的快速发展提供了物质基础,也为我国民办高等教育的持续发展提供了保证,因此,准确地预测我国经济发展趋势是分析我国民办高等教育发展环境的前提。本部分将对我国经济发展趋势进行预测,并在此基础上分析我国民办高等教育的发展环境。

衡量一个国家和地区的经济、社会发展水平的指标有很多。本研究选择既能够反映我国宏观经济发展水平,又能对民办高等教育发展产生重要影响的主要指标,包括:国内生产总值、居民消费水平、城镇居民可支配收入、农村居民人均纯收入、财政收入水平、劳动人口总数、就业人口总数、十万人口中专科以上人口数(以下称"八项指标")。选择上述八项指标主要是

基于以下考虑：国内生产总值不仅是一个国家和地区经济发展总量的表征，也是衡量一个国家地区宏观经济发展水平的主要变量。早在 20 世纪 90 年代，我国就提出要实现国家财政教育经费支出占国民生产总值达到 4% 的目标，可见，随着国内生产总值的不断增加，国家财政教育经费支出总额也将不断增加。通过分析国内生产总值的变动趋势，可以为分析我国国家财政教育投资的变动趋势打下基础。居民消费水平与收入水平不仅能够反映一个国家或地区的宏观经济发展水平，还能反映一个国家或地区居民教育支出能力和对高等教育的投资能力。财政收入水平不仅反映一个国家和地区的宏观经济水平，而且能反映该区域的财政支出能力以及对教育的投入能力。民办高等教育投资是一个国家或地区总投资的重要组成部分，民办高等教育的投资规模能够反映教育行业的宏观投资环境。劳动力人口总数、就业人口总数、十万人口中专科以上人口数，不仅是社会发展水平的重要体现，而且对高等教育产业的发展与投资产生重要影响。因此，本研究选择上述几个指标来反映我国宏观经济、社会发展环境状况。通过对所选指标变化趋势的预测，分析我国宏观经济、社会环境的变动趋势，为民办高校投资的外部经济环境分析提供依据。

本研究通过对所选择指标近年来数据的散点图分析发现，这些指标数据具有指数增长规律，灰色系统理论中的灰色 GM(1,1) 模型对具有指数增长特征的时间序列具有较高的拟合与预测精度，且该模型的建立最少需要四个数据。该模型是小样本数据序列预测的有力工具。本研究将根据"十二五"期间指标数据，利用灰色 GM(1,1) 模型对我国"十三五"期间的宏观经济、社会发展水平进行预测分析。

GM(1,1) 模型的建模思想与建模步骤如下：

GM(1,1) 模型是灰色预测技术中最核心的一个模型。该模型是通过累加生成技术对原始序列进行处理，建立具有部分差分和部分微分特征的预测模型，模型中的发展系数能够反映序列的发展态势，灰作用量反映数据的变化关系。设 $X^{(0)}$ 为 GM(1,1) 建模的原始数据序列，记 $X^{(0)} = (x^{(0)}(1), x^{(0)}(2), \cdots, x^{(0)}(n))$，其一阶累加生成序列为：

$$X^{(1)} = (x^{(1)}(1), x^{(1)}(2), \cdots, x^{(1)}(n))$$

其中：

$$x^{(1)}(k) = \sum_{i=1}^{k} x(i)$$

紧邻均值生成序列为：

$$Z^{(1)} = \{z^{(1)}(2), z^{(1)}(3), \cdots, z^{(1)}(n)\}$$

其中：

$$z^{(1)}(k) = \frac{1}{2}(x^{(1)}(k) + x^{(1)}(k-1)), k = 2, 3, \cdots, n$$

则称 $x^{(0)}(k) + az^{(1)}(k) = b$ 为 GM(1,1) 模型的基本形式, 称 $\frac{dx^{(1)}}{dt} + ax^{(1)} = b$ 为灰色微分方程的白化方程。

若记 $\hat{a} = (a, b)^T$ 为参数, 且 $Y = \begin{bmatrix} x^{(0)}(2) \\ x^{(0)}(3) \\ \vdots \\ x^{(0)}(n) \end{bmatrix}$, $B = \begin{bmatrix} -z^{(1)}(2) & 1 \\ -z^{(1)}(3) & 1 \\ \vdots & \vdots \\ -z^{(1)}(n) & 1 \end{bmatrix}$, 则灰色微分方程 $x^{(0)}(k) + az^{(1)}(k) = b$ 的最小二乘估计参数序列满足：

$$\hat{a} = [a, b]^T = (B^T B)^{-1} B^T Y$$

若 $B, Y, \hat{a}$ 满足 $\hat{a} = [a, b]^T = (B^T B)^{-1} B^T Y$, 则：

(1) 白化方程 $\frac{dx^{(1)}}{dt} + ax^{(1)} = b$ 的时间相应函数为：

$$x^{(1)}(t) = (x^{(1)}(1) - \frac{b}{a})e^{-at} + \frac{b}{a}$$

(2) GM(1,1) 模型 $x^{(0)}(k) + az^{(1)}(k) = b$ 时间相应函数为：

$$\hat{x}^{(1)}(k+1) = (x^{(0)}(1) - \frac{b}{a})e^{-ak} + \frac{b}{a}, k = 1, 2, \cdots, n$$

(3) 还原值为：

$$\hat{x}^{(0)}(k+1) = \hat{x}^{(1)}(k+1) - \hat{x}^{(1)}(k) = (1-e^a)(x^{(0)}(1) - \frac{b}{a})e^{-ak}, k = 1, 2, \cdots, n$$

本研究以 2011—2015 年的数据为原始数据序列,利用 GM(1,1)模型对我国"十二五"期间的国内生产总值、居民消费水平、城镇居民可支配收入、农村居民人均纯收入、财政收入水平、劳动人口总数、就业人口总数、劳动人口平均受教育年限进行预测分析。2011—2015 年我国"八项指标"数据如表 6.1 所示。

表 6.1　2011—2015 年我国经济发展水平主要指标数据

年　份	2011	2012	2013	2014	2015
国内生产总值/亿元	473 104	518 942.1	588 018.8	636 138.7	689 052.1
居民消费水平/元	12 570	14 098	16 190	17 806	19 397
城镇居民可支配收入/元	21 801	24 565	26 955	29 381	31 195
农村居民人均纯收入/元	6 977	7 917	8 896	9 892	11 422
财政收入水平/亿元	103 874.4	113 253.5	129 209.6	140 370	152 269
劳动人口总数/万人	134 735	135 404	136 072	136 782	137 462
就业人口总数/万人	76 420	76 704	76 977	77 253	77 451
十万人口中大专以上人口数/人	10 438	11 919	13 347	14 754	16 167

数据来源:《中华人民共和国统计年鉴》(2012—2016 年)

经检验,2011—2015 年的国内生产总值、居民消费水平、城镇居民可支配收入、农村居民人均纯收入、财政收入水平、劳动人口总数、就业人口总数、十万人口中专科以上人口数数据序列,符合 GM(1,1)模型的建模条件。分别以 2011—2015 年的"八项指标"数据序列为原始序列建立 GM(1,1)预测模型,可得国内生产总值、居民消费水平、城镇居民可支配收入、农村居民人均纯收入、财政收入水平、劳动人口总数、就业人口总数、十万人口中专科以上人口数的 GM(1,1)模型的时间相应函数分别为:

$$\hat{x}^{(0)}(k+1) = 481\ 202.43e^{0.091\ 2k}, k=1,2,\cdots,n$$
$$\hat{x}^{(0)}(k+1) = 12\ 945.80e^{0.010\ 3k}, k=1,2,\cdots,n$$
$$\hat{x}^{(0)}(k+1) = 22\ 887.44e^{0.079\ 2k}, k=1,2,\cdots,n$$
$$\hat{x}^{(0)}(k+1) = 6\ 952.37e^{0.121\ 8k}, k=1,2,\cdots,n$$
$$\hat{x}^{(0)}(k+1) = 104\ 796.21e^{0.0951k}, k=1,2,\cdots,n$$
$$\hat{x}^{(0)}(k+1) = 134\ 714.28e^{0.005k}, k=1,2,\cdots,n$$
$$\hat{x}^{(0)}(k+1) = 76\ 470.47e^{0.003\ 3k}, k=1,2,\cdots,n$$
$$\hat{x}^{(0)}(k+1) = 10\ 846.34e^{0.100\ 5k}, k=1,2,\cdots,n$$

根据上述时间相应函数计算可得"八项指标"数据序列的拟合值,见表6.2。

表6.2 2011—2015年GM(1,1)模型的拟合值及拟合误差

年 份	2011	2012	2013	2014	2015
国内生产总值实际值/亿元	473 104	518 942.1	588 018.8	636 138.7	689 052.1
国内生产总值拟合值/亿元	473 104	527 160.7	577 505.1	632 657.6	693 077.1
拟合相对误差/%	0	1.58	−1.79	−0.55	−0.58
居民消费水平实际值/元	12 570	14 098	16 190	17 806	19 397
居民消费水平拟合值/元	12 570	14 349.6	15 905.9	17 630.9	19 543.1
拟合相对误差/%	0	1.78	−1.75	−0.98	0.75
城镇居民可支配收入实际值/元	21 801	24 565	26 955	29 381	31 195
城镇居民可支配收入拟合值/元	21 801	24 773.9	26 815.9	29 026.1	31 418.6
拟合相对误差/%	0	0.85	−0.52	−1.21	0.72
农村居民人均纯收入实际值/元	6 977	7 917	8 896	9 892	11 422
农村居民人均纯收入拟合值/元	6 977	7 853.2	8 870.7	10 020.0	11 318.2
拟合相对误差/%	0	−0.81	−0.28	1.29	−0.91
财政收入水平实际值/亿元	103 874.4	113 253.5	129 209.6	140 370	152 269
财政收入水平拟合值/亿元	103 874.4	115 250.3	126 747.7	139 392.1	153 297.9
拟合相对误差/%	0	1.76	−1.91	−0.70	−0.68
劳动人口总数实际值/万人	134 735	135 404	136 072	136 782	137 462
劳动人口总数拟合值/万人	134 735	135 398.8	136 083.8	136 772.2	137 464.0
拟合相对误差/%	0	−0.004	0.009	−0.007	0.001
就业人口总数实际值/万人	76 420	76 704	76 977	77 253	77 451
就业人口总数拟合值/万人	76 420	76 719.1	76 970.0	77 221.6	77 474.1
拟合相对误差/%	0	0.02	−0.01	−0.04	0.03
十万人口中大专以上人口数实际值/人	10 438	11 919	13 347	14 754	16 167
十万人口中大专以上人口数拟合值/人	10 438	11 993.3	13 261.6	14 663.9	16 214.5
拟合相对误差/%	0	0.6	−0.6	−0.6	0.3

从表6.2可以看出,以2011—2015年的国内生产总值、居民消费水平、城镇居民可支配收入、农村居民人均纯收入、财政收入水平、劳动人口总数、就业人口总数数据序列为原始序列,分别建立GM(1,1)预测模型均具有非

常高的拟合精度,最大拟合误差不超过4%,拟合精度达到一级。因此,可以利用以上序列得到的GM(1,1)模型对各个序列的发展趋势进行预测。我们主要对以上指标在"十三五"期间的发展趋势进行预测,经计算可得2016—2020年"八项指标"的预测值,如表6.3所示。

表6.3 2016—2020年我国经济发展水平主要指标数据

年份	2016	2017	2018	2019	2020
国内生产总值/亿元	759 266.8	831 777.7	911 213.5	998 235.5	1 093 568.2
居民消费水平/元	21 662.6	24 012	26 616.1	29 502.7	32 702.4
城镇居民可支配收入/元	34 008.2	36 811.2	39 845.4	43 129.6	46 684.4
农村居民人均纯收入/元	12 784.6	14 441	16 311.9	18 425.3	20 812.5
财政收入水平/亿元	168 590.9	185 409.6	203 906.1	224 247.9	246 618.9
劳动人口总数/万人	138 159.4	138 858.3	139 560.8	140 266.7	140 976.3
就业人口总数/万人	77 727.4	77 981.5	78 236.4	78 492.2	78 748.9
十万人口中大专以上人口数/人	17 929	19 824.9	21 921.2	24 239.2	26 802.3

从表6.3可以看出,在"十三五"期间,我国国民经济将继续保持平稳较快的增长趋势,国内生产总值年增长率为7%左右,预计到2020年我国国内生产总值将接近110万亿元。国民经济的平稳快速发展为我国民办高等教育的健康持续发展提供了经济基础和良好的外部经济环境,是我国民办高校可持续发展的基础保证。"十三五"期间,我国居民消费水平将会大幅提升,居民消费水平将由"十二五"末的19 397元增加到"十三五"末的32 702.4元,"十三五"期间居民消费水平年增长率将在10%左右,这主要是由居民收入水平的提高与我国扩大内需的政策导向引起的。居民消费水平的大幅提升为居民提高用于教育支出的费用提供空间,居民用于教育消费支出的提高,将为民办高等教育的发展提供发展机会与发展空间,为民办高等教育的持续发展提供良好的外部发展环境,有利于推动民办高等教育的发展。"十三五"期间的城镇居民人均可支配收入、农村居民人均纯收入都将有较大幅度的提高,预计到"十三五"末我国城镇居民可支配收入将超过4万元,农村居民人均纯收入将超过2万元,城镇居民可支配收入与农村居民人均纯收入年增长率将保持在10%以上。城镇居民可支配收入与农村居民纯收入的大幅提高,不仅可以使城乡居民生活水平得以大幅度提升,家庭对民办高等教育支付能力也进一步提高,为城乡居民增加教育投入提供了

保证,为更多的家庭选择和接受民办高等教育提供经济基础,有利于扩大民办高等教育办学规模,推动民办高等教育的可持续发展。众所周知,影响家庭选择接受民办高等教育的一个重要因素是家庭对民办高等教育的支付能力,而家庭对民办高等教育的支付能力主要取决于家庭的收入水平和家庭消费能力。通过对我国居民收入水平与消费能力的预测可知,"十三五"期间我国城乡居民收入水平和人均消费水平都将有大幅度的提高,按照民办高校的现有的收费标准,城乡居民对民办高等教育的支付能力将明显提高,而且随着人们对民办高等教育的认识和认可程度的不断提高,将有更多的家庭选择接受民办高等教育。家庭对民办高等教育支付能力的提高,将为民办高等教育的持续健康发展提供保证,也为民办高等教育提供了一定的扩张空间。

"十三五"期间我国财政收入将保持高速增长态势,年增长率保持在10%以上,预计到"十三五"末我国财政收入将超过24万亿元,比"十二五"末翻一番,高额的财政收入将提高政府提供公共产品与公共服务的能力,有利于政府加大对民办高校的财政投资力度。"十三五"期间,我国劳动人口总数将呈不断增加趋势,每年新增劳动人口达700万左右,我国就业人口每年将增加200万左右,就业人口增加数量远低于劳动人口增加数量,这表明在"十三五"期间我国整体的就业压力仍然较大,随着我国产业结构的优化与升级,对劳动人口的素质要求将越来越高,劳动者可以通过提升自己的受教育水平提升自身的竞争力。这样劳动人口选择接受高等教育的比例也将越来越大,为民办高校的发展提供了较大的发展空间。"十三五"期间我国十万人口中专科人口比重越来越大,这表明居民接受高等教育的比重越来越高。

通过对我国"十三五"期间的宏观经济发展水平的预测分析可以发现,我国经济将保持平稳的增长趋势,居民消费能力和收入水平将有较大幅度的提高,财政收入水平快速增长,劳动人口数量与素质将有较大幅度的提高。良好的经济、社会发展环境,为我国民办高等教育的持续健康发展提供了良好的外部经济环境,为民办高等教育的进一步发展提供了物质基础与保证。

6.1.2 我国民办高等教育投资的政策环境预测分析

民办高等教育投资离不开国家政策的支持,我国民办高等教育政策因素是影响我国民办高等教育投资与民办高等教育发展的重要因素。分析我国民办高等教育政策的变化趋势,是掌握民办高等教育投资环境变化的重要途径。本部分将在对我国民办高等教育政策演变过程分析的基础上,进一步对我国民办高等教育政策的演化趋势进行预测分析,以期为我国民办高等教育投资决策提供决策依据。

6.1.2.1 新时期我国民办高等教育的政策演变

改革开放以来,我国民办高等教育的政策演变大致经历三个阶段:

第一阶段(1978—1992年):允许社会力量参与民办高等教育,但对私人办学严格限制的阶段。这一阶段是我国民办高等教育政策建设的起步阶段,国家出台的相关政策虽然承认民办高等教育是我国教育事业的重要组成部分,但在实践过程中仍将民办高等教育定位为国家办学的补充,该阶段的政策既表现出鼓励,又表现出限制的矛盾特征。

第二阶段(1992—2003年):鼓励和支持民办高等教育发展,民办高等教育取得合法地位的阶段。这一阶段出台了一系列鼓励民办高等教育发展的政策,民办高等教育获得了政策支持,取得了长足发展。如《中国教育改革和发展纲要》《中华人民共和国教育法》等都对发展民办高等教育做了相应规定,这些规定进一步肯定了民办高等教育的合法性。

第三阶段(2003年以降):民办高等教育迈入依法办学的新阶段。2003年《民办教育促进法》的颁布实施,将民办高等教育提高到为国家培养合格人才的战略高度,为民办高等教育的规范发展和依法管理提供了保证。这一阶段出台的相关政策改变了民办高等教育无法可依的局面,使得我国民办高等教育事业获得了广泛合法性支持与社会认同,民办高等教育的社会地位不断提高,但是,民办高等教育的办学自主权、产权、合理回报等一系列问题,尚未得到有效解决。

长期以来,我国民办高等教育政策、法规制定,滞后于民办高等教育发展实践,常常是根据实践中出现的问题,制定和完善相关的政策和法规,政策、法规的制定缺乏前瞻性、导向性,这种情况制约着民办高等教育的发展。随着我国民办高等教育的地位和作用日益凸显,各级政府也高度重视民办高等教育的发展。2010年7月,《国家中长期教育改革与发展规划纲要》在办学体制改革部分明确指出,要继续坚持教育的公益性原则,逐步形成政府主导、社会参与、办学形式多样化、办学主体多元化的办学机制,形成以政府为主体,全社会积极参与,公办教育与民办教育协调发展的办学格局。

6.1.2.2 我国民办高等教育投资的政策分析

在坚持教育公益性原则的前提下,进一步健全政府主导,社会参与,办学形式多样,办学主体多元,具有生机活力的办学机制,逐步形成以政府为主体,全社会积极参与,公办教育与民办教育共同发展的办学格局。并提出要大力发展民办高等教育,将民办高等教育作为推动教育事业发展和教育改革的重要力量,积极引导社会力量以独立举办、共同举办等多种形式创办教育,进一步完善独立学院的管理与运行机制。依法落实民办学校、学生、教师的法律地位,制定和完善促进民办教育发展的优惠政策;健全政府财政对民办教育的资助机制;进一步明确和完善民办学校变更、退出机制;全面落实民办学校法人财产权,依法建立民办学校财务、会计和资产管理等内部管理制度;建立民办学校办学风险防范机制和信息公开制度;不断扩大社会力量参与民办学校的监管。《国家中长期教育改革与发展规划纲要》的制定为我国民办高等教育的发展指明了方向,也为我国民办高等教育政策的制定提供了战略指导。

未来一个时期内,我国将以《国家中长期教育改革与发展规划纲要》为指导,制定和完善相关政策,民办高等教育政策制定取向与政策完善的重点将体现在以下几个方面:

(1)进一步规范法人制度。如何规范民办高等学校的法人制度,进一步明确民办高等学校的法人内涵,将成为民办高等教育政策制定和取向的一个重点。制定和规范民办高校的法人制度将有利于进一步明确民办高校办学主体的权责关系,有利于保护民办高校出资者的合法权益,提高社会力量参与民办高等教育的积极性。

(2)进一步落实民办高校的办学自主权。民办高校办学自主权的落实是提高民办高校办学效益的根本保证,是实现民办高等教育可持续发展的重要基础。民办高校在由规模发展到内涵建设的发展过程中,要有充分的办学自主权。办学自主权主要体现在专业设置、教学设置、招生等诸多方面,为进一落实民办高校的办学自主权,国家将会制定和出台提高民办高校办学自主权的相关政策,如招生自主权。

(3)进一步明确税收优惠政策。民办高校的税收问题一直比较棘手。主要表现在,国家的法律法规之间相互不协调、不配套,如有的文件里是以学历、非学历来平衡,有的是按层次类别来评定,有的政策是按照是否要求合理回报来制定。为了规范民办高等教育的税收管理和鼓励民办高等教育的发展,国家将制定出台相关税收优惠政策。

(4)进一步完善公共财政资助政策。民办高校作为我国高等教育事业的重要组成部分,为高等教育事业的发展,为培养经济社会发展所需的专门人才做出了重要的贡献。因此,民办高等教育作为教育事业的重要组成部分,也应该给予公共财政资助。国家将进一步完善民办高等教育资助的相关政策,比如民办高等教育的专项资金政策等。

(5)进一步规范民办高校财务与资产管理。改革开放以来,民办高校财务与资产管理是民办高校制度设计方面相对薄弱的环节。从我国民办高等教育可持续发展的角度,特别是从建设高水平的现代民办大学角度来看,国家应出台一些相应的政策法规,以此来规范民办高校的财务运营与资产管理。

(6)建立民办高校师生权利保障体系。只有建立起民办高校师生权利保障体系,才能吸引到优质的师资和生源,才能保证民办高校的持续健康发展。按照《国家中长期教育改革与发展规划》的要求,国家将制定保障师生平等权利,包括对民办学校的人才鼓励政策。民办学校教师的职称、医疗、保险等,在制度层面上也力求有所突破。

通过以上分析可知,未来一个时期内,我国将制定和完善民办高等教育的相关政策与法规,并重点推进民办高等教育的法人制度、办学自主权、税收优惠、公共资助、财务管理以及师生权利保障等方面政策的落实,进一步完善民办高等教育的政策与法规体系,相应政策和法规的制定与出台将为高等教育的发展提供政策支持,为民办高等教育健康可持续发展提供良好的政策环境。

6.1.3 我国民办高等教育的生源预测

高等教育的生源是高等教育赖以生存与发展的基础。对于民办高校而言,学费是其办学经费的主要来源,因此,民办高校的生源数量和质量直接决定着民办高校的生存与发展。对我国民办高校生源的预测和对民办高校发展环境的分析,为进一步探究民办高校的投资环境,推进民办高等教育的健康发展,制定民办高校发展政策提供依据和指导。本部分将通过对我国高中阶段毕业生数量,普通高校招生规模、在校生数量,民办高校的招生规模、在校生数量的预测,分析我国民办高校的生源变化趋势,为民办高校的投资决策提供分析依据。本部分研究以2011—2015年我国高中阶段毕业生数量、普通高校招生规模、普通高校在校生数量,民办高校的招生规模、民办高校在校生数量的数据(见表6.4)序列为原始序列。

表6.4 2011—2015年高等院校学生生源及招生情况统计

年 份	2011	2012	2013	2014	2015
高中阶段毕业生数/万人	1 447.7	1 466.1	1 473.4	1 422.5	1 365.6
普通高中毕业生数/万人	787.7	791.5	799.0	799.6	797.7
中等职业教育毕业生数/万人	660.0	674.6	674.4	622.9	567.9
普通本专科招生人数/万人	681.5	688.8	699.8	721.4	737.8
普通本专科在校生人数/万人	2 308.5	2 391.3	2 468.1	2 547.7	2 625.3
民办高校招生人数/万人	153.73	160.28	160.19	172.96	177.97
民办高校在校生数/万人	505.07	533.18	557.52	587.15	610.90

数据来源:《中国教育统计年鉴》(2012—2016年)

说明:高中阶段毕业生数包括普通高中毕业生数和中等职业教育毕业生数(含职业高中、普通中专、技工学校和成人中专)

从表 6.4 可以看出,"十二五"期间我国高中阶段毕业生总数有略微减少迹象。其主要原因是中等职业教育毕业生人数的减少。中等职业教育毕业生人数减少的原因有三个:一是人口出生率的下降;二是教育水平的提高;三是普通高中普遍在这几年间扩大了招生规模,致使能够考上高中的学生数量逐渐增加,如 2015 年比 2011 年增加了 10 万人。在高等教育大众化的背景下,高考录取率也在不断攀升,2011 年到 2015 年高考录取率从 72%增长到 74.3%,而近三年录取率仍在不断攀升,其中 2016 年达到目前最高录取率 75%。在这个过程中民办高校也在不断地壮大发展。招生人数从 2011 年的 153.73 万人增加至 2015 年的 177.97 万人。与此同时,民办高校 2015 年的在校生人数比 2011 年增加了将近 105.83 万人。这些数字充分说明了"十二五"期间,民办高校的规模和数量都在不断地发展壮大。

经检验,上述原始序列符合灰色 GM(1,1)模型的建模条件,利用以上数据序列分别建立 GM(1,1)模型,可得高中阶段毕业生数量、普通高校招生规模、普通高校在校生数量,民办高校的招生规模、民办高校在校生数量的时间相应函数分别为:

$$\hat{x}^{(0)}(k+1) = 1\,529.91 e^{-0.027\,3k}, k=1,2,\cdots,n$$

$$\hat{x}^{(0)}(k+1) = 795.91 e^{0.000\,1k}, k=1,2,\cdots,n$$

$$\hat{x}^{(0)}(k+1) = 738.13 e^{-0.062\,4k}, k=1,2,\cdots,n$$

$$\hat{x}^{(0)}(k+1) = 673.22 e^{0.021\,9k}, k=1,2,\cdots,n$$

$$\hat{x}^{(0)}(k+1) = 2\,323.79 e^{0.030\,1k}, k=1,2,\cdots,n$$

$$\hat{x}^{(0)}(k+1) = 153.12 e^{0.035\,7k}, k=1,2,\cdots,n$$

$$\hat{x}^{(0)}(k+1) = 511.91 e^{0.043\,6k}, k=1,2,\cdots,n$$

根据上述时间相应函数可得普通高中毕业生数量、普通高校招生规模、普通高校在校生数量,民办高校的招生规模、民办高校在校生数量的拟合值见表 6.5。

表6.5 2011—2015年各类学生数的拟合值与拟合误差

学生数类别	2011年	2012年	2013年	2014年	2015年
高中阶段毕业生数实际值/万人	1447.7	1466.1	1473.4	1422.5	1365.6
高中阶段毕业生数拟合值/万人	1447.7	1488.7	1448.6	1409.6	1371.6
拟合相对误差/%	0	1.54	-1.68	-0.91	0.44
普通高中毕业生数实际值/万人	787.7	791.5	799.0	799.6	797.7
普通高中毕业生数拟合值/万人	787.7	795.9	796.0	796.0	796.1
拟合相对误差/%	0	0.56	-0.38	-0.44	-0.20
中等职业教育毕业生数实际值/万人	660.0	674.6	674.4	622.9	567.9
中等职业教育毕业生数拟合值/万人	660.0	693.5	651.6	612.2	575.2
拟合相对误差/%	0	2.80	-3.38	-1.72	1.28
普通本专科招生人数实际值/万人	681.5	688.8	699.8	721.4	737.8
普通本专科招生人数拟合值/万人	681.5	688.1	703.3	718.9	734.8
拟合相对误差/%	0	-0.10	0.51	-0.35	-0.40
普通本专科在校生数实际值/万人	2308.5	2391.3	2468.1	2547.7	2625.3
普通本专科在校生人数拟合值/万人	2308.5	2394.7	2467.8	2543.1	2620.8
拟合相对误差/%	0	0.14	-0.01	-0.18	-0.17
民办高校招生人数实际值/万人	153.73	160.28	160.19	172.96	177.97
民办高校招生人数拟合值/万人	153.73	158.7	164.4	170.4	176.6
拟合相对误差/%	0	-1.00	2.65	-1.47	-0.77
民办高校在校生数实际值/万人	505.07	533.18	557.52	587.15	610.90
民办高校在校生数拟合值/万人	505.07	534.7	558.5	583.4	609.3
拟合相对误差/%	0	0.28	0.18	-0.65	-0.26

从表6.5可知,利用GM(1,1)模型对我国高中阶段毕业生数量、普通高校招生规模、普通高校在校生数量,民办高校的招生规模、民办高校在校生数量进行拟合具有较高的拟合精度,最大拟合误差不超过3%。因此,可以利用GM(1,1)模型对我国高中阶段毕业生数、普通高校招生规模、普通高校在校生数,民办高校的招生规模、民办高校在校生数的数据序列进行中长期

预测。利用上述序列的时间相应函数对我国"十三五"期间的高中阶段毕业生数、普通高校招生规模、普通高校在校生数,民办高校的招生规模、民办高校在校生数进行预测可得其预测值如图6.1至图6.6所示。

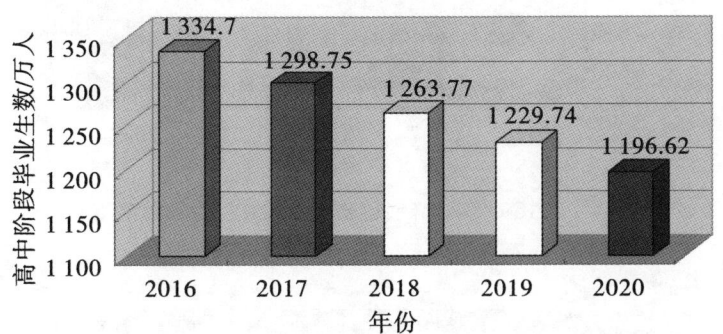

图6.1 2016—2020年我国高中阶段毕业生数预测值

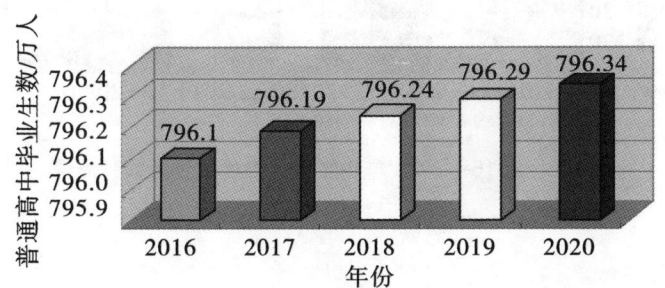

图6.2 2016—2020年我国普通高中毕业生数预测值

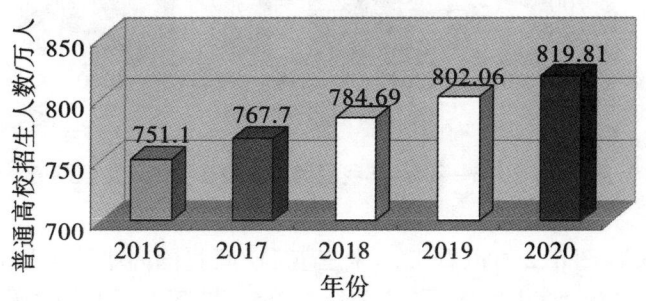

图6.3 2016—2020年我国普通高校招生人数预测值

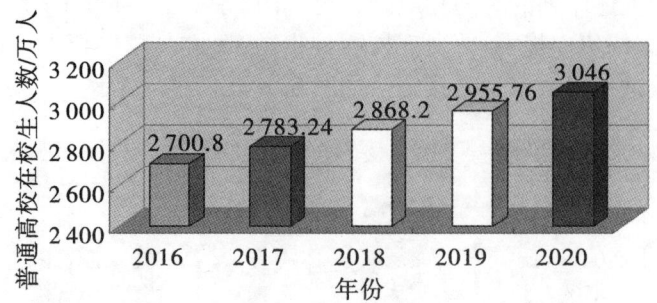

图6.4 2016—2020年我国普通高校在校生人数预测值

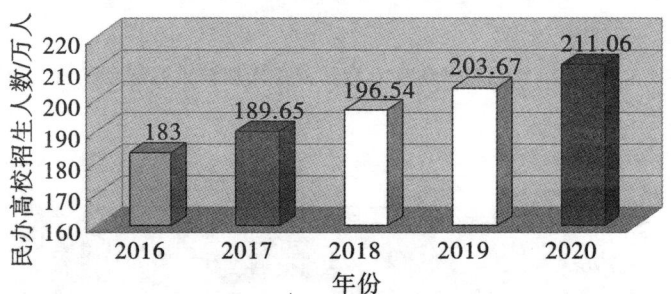

图6.5 2016—2020年我国民办高校招生人数预测值

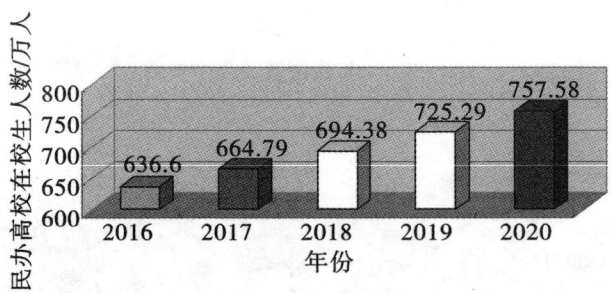

图6.6 2016—2020年我国民办高校在校生人数预测值

从图6.1、图6.2可以看出,"十三五"期间我国高中阶段毕业生数量总体上呈下降趋势,将由"十二五"末的1 365.60万人减少到"十三五"末的1 196.62万人,其中,普通高中毕业生总体规模保持稳定约在800万人。从图6.3可以看出,我国普通高校招生数量将持续增加,预计"十三五"期间普通高校的招生数量将从2016年751.1万人增加到2020年的819.81万人,这表明"十三五"期间我国高校招生规模将适度扩大,高等学校招生规模继续保持扩张的趋势。从图6.4可以看出,我国普通高校在校生规模将不断增大,预计到2020年超过3 040万人,这与《国家中长期教育改革与发展规划纲要》提出的目标相吻合。从图6.5可以看出,我国民办高校的招生规模也将不断扩大,将从2016年的183万人增加到2020年的210万人左右,这表明民办高校的招生规模将由"十二五"期间的相对稳定转变为"十三五"期间的稳步增长;再根据图6.6可知,我国民办高校的在校生规模预计到2019年将突破700万人,到"十三五"末民办高校在校生人数将超过750万人。

通过以上预测可以发现,"十三五"期间我国高校的生源总量与"十二五"相比保持稳定增长趋势,随着高中阶段教育的普及、高等教育毛入学率的提升和招生规模的扩大,我国民办高等教育的招生规模与在校生规模都将有适度的提升,民办高校的生源相对充裕,这为民办高校办学规模的扩张和民办高校的可持续发展提供了生源保障,同时也表明我国民办高校仍有较大的发展空间。

6.2 我国民办高等教育投资内部环境预测

6.2.1 我国民办高等教育发展趋势分析

我国民办高等教育经过近40年的发展,已经从最初的高等教育的补充,发展成为高等教育的重要组成部分。分析我国民办高等教育行业的总体发展趋势,不但有利于把握民办高等教育行业的总体发展趋势和特征,还可以为民办高等教育投资提供指导。本部分将根据民办高等教育行业发展的现状,结合《国家中长期教育改革与发展规划纲要》中关于高等教育发展目标要求,以及对民办高等教育发展的规划,分析"十二五"期间我国民办高等教育行业发展的总体趋势。"十三五"期间我国民办高等教育行业发展将具有如下趋势。

6.2.1.1 民办高等教育的办学规模将稳步扩大

2017年我国高等学校在校生人数为3 779万人,毛入学率达到45.7%,民办高校在校生人数为628.46万人。随着高中阶段教育的普及、高等学校毛入学率的逐步提高和招生计划的持续增加,以及国家招生政策对民办高校的倾斜,预计在"十三五"期间我国民办高等教育的招生规模与在校生规模将进一步扩大,民办高校的在校生数量占高等学校在校生总数的比例将有所提升。而且,"十三五"期间民办高校的生源相对充足,不会成为制约民办高校发展的瓶颈。从民办高校数量来看,未来还会有所增长,但不会增长太快。特别是我国的西部地区,仍有较大的发展空间。

6.2.1.2 民办高等教育发展多元化趋势将日趋凸显

民办高等教育经过多年发展,其办学体制、办学层次、办学主体、培养模式日益丰富,办学活动呈现出多样化发展特征,拓宽了民办高等教育发展的空间。我国民办高等教育的办学既有董事会、理事会领导下的校长负责制,也有其他形式的办学体制,"十三五"期间我国民办高等教育办学体制将更加完善,并呈多元化发展趋势。民办高等教育的办学层次将进一步扩展,现有的学历教育层次将会得到进一步提升,民办高等教育将试点研究生教育培养,这不但有利于民办高校办学水平与办学质量的提高,而且有助于提高民办高校的社会知名度和社会影响力。随着我国经济建设对各类技术型人才需求的增加,民办高校应根据市场需求对专业设置和发展重点做出动态调整,以适应经济社会发展的需要。民办高等教育的办学模式将更有灵活性,民办高校针对不同的学习主体设计不同培养方案与培养模式,改革办学模式、优化教学内容等,以满足不同对象对教育的不同需要。民办高等教育的多元化发展趋势,不但可以弥补公办高校存在的不足,而且可以提高民办高校的核心竞争力,推动民办高校的健康发展。

6.2.1.3 依法办学将成为民办高校发展的趋势

多年来,民办高等教育虽然获得了长足发展,但由于发展历程短,民办高等院校类别繁杂,各项政策法规还处于探索阶段,民办高校在办学过程中存在无法可依或有法不依的现象。但随着经济社会发展的需要,国家将进一步规范民办高校的办学与管理。民办高校只有依法办学、规范办学行为,才能得到社会的认可和政府的支持,学校才能持续发展。民办高等教育的规范化管理将使得一批办学质量不高和管理混乱的民办高校被逐步淘汰,非学历民办高等教育机构的生源将萎缩,这些机构的生存与发展面临一定的挑战。

6.2.2 我国民办高等教育发展的投资潜力分析

6.2.2.1 投资规模预测

民办高等教育的投资规模是民办高等教育发展资金充裕程度的重要反映,民办高等教育的投资规模能够反映投资者对民办高等教育的投资能力与投资信心,投资规模的大小直接影响民办高等教育的发展规模与发展速度。对民办高等教育的投资规模进行预测分析,可以掌握我国民办高等教育的投资变动趋势,还可以测算我国民办高等教育的投资强度和投资效益,为民办高等教育的投资决策提供参考依据。本部分以2011—2015年我国民办高校举办者投入为原始数据序列(表6.6),建立灰色GM(1,1)模型,并利用该模型对"十三五"期间我国民办高校举办者投入进行预测分析,以对我国民办高校的投资规模的变动趋势进行分析。

表 6.6 2011—2015 年我国民办高校举办者投入

年 份	2011	2012	2013	2014	2015
民办高校举办者投入/万元	3 329 153	3 378 147	3 403 222	1 915 420	2 810 143

数据来源:《中国教育统计年鉴》(2011-2017 年)

利用 2011—2016 年我国民办高校举办者投入数据序列建立 GM(1,1) 模型可得:

$$\hat{x}^{(0)}(k+1) = 4\,130\,919.83 e^{-0.117\,2k}, k=1,2,\cdots,n$$

利用该模型对 2016—2020 年我国民办高校举办者投入进行拟合可得拟合值与拟合误差,如表 6.7 所示。

表 6.7 2011—2015 年我国民办高校举办者投入拟合值与拟合误差

年 份	2011	2012	2013	2014	2015
民办高校举办者投入实际值/万元	3 329 153	3 378 147	3 403 222	1 915 420	2 810 143
民办高校举办者投入拟合值/万元	3 329 153	3 394 780	3 019 480	2 685 670	2 388 764
拟合相对误差/%	0	0.49	-11.28	40.21	-14.99

从表 6.7 可以看出,以 2011—2015 年我国民办高校举办者投入为原始序列建立的 GM(1,1) 模型的平均拟合误差为 16.74%,因此,可以利用该模型对"十三五"期间的我国民办高校举办者投入进行预测,预测结果如图 6.7 所示。

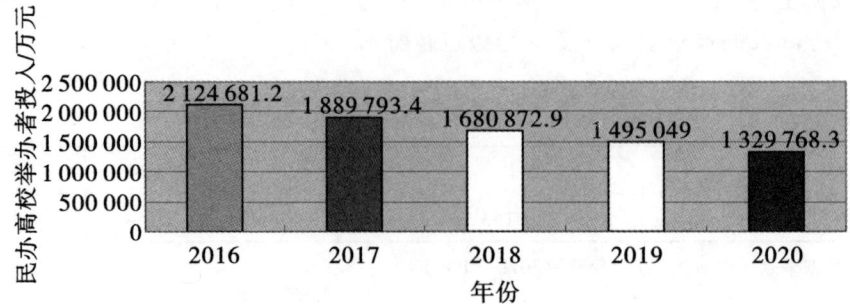

图 6.7　2016—2020 年我国民办高校举办者投入预测值

从图 6.7 可以看出,"十三五"期间我国民办高校举办者投入将呈不断降低的趋势,预计年平均降低率在 11% 左右,到 2020 年我国民办高校举办者投入将低至 132 亿元,与"十二五"末相比将减少 49 亿元左右。这表明我国民办高校投资者将减少对民办高等教育的投资力度,进一步加强规范民办高等教育的管理。

6.2.2.2　投资效益预测

民办高校的投资效益是影响民办高等教育发展与投资者投资积极性的最重要因素,对民办高等教育的投资效益的变化趋势进行预测,是分析民办高等教育投资潜力的重要依据,是进行民办高等教育投资决策的基本准绳。然而,民办高校的投资收益受主客观等因素的影响,投资收益率一般为区间灰数,因此,难以利用传统的实数序列的预测方法对民办高校的投资收益区间的变动进行预测。本研究利用灰色预测模型建模思想,将实数序列的预测技术拓展到区间数序列,建立基于核和信息域的区间灰数预测模型,以对我国民办高校投资收益率进行预测。

基于区间灰数的核及信息域构建区间灰数预测模型的基本思路是:首先建立基于区间灰数核序列的 DGM(1,1)模型,实现区间灰数"核"的预测;然后以"核"为基础,以区间灰数序列 $X(\otimes)$ 中信息域较大的区间灰数的信息域作为预测结果的信息域,并以此为基础推导区间灰数上界及下界的预测表达式,进而建立区间灰数预测模型。

定义 6.1　既有下界 a_k 又有上界 b_k 的灰数称为区间灰数,记为 $\otimes(t_k)$ $\in [a_k, b_k]$,其中 $b_k \geq a_k$;区间灰数 $\otimes(t_k)$ 的上界点 b_k 与下界点 a_k 的差值称为区间灰数 $\otimes(t_k)$ 的信息域(或区间距),记为 $d_k = b_k - a_k$。

定义 6.2　由区间灰数 $\otimes(t_k) \in [a_k, b_k](k = 1, 2, \cdots, n)$ 构成的序列称为区间灰数序列,记作 $X(\otimes) = (\otimes(t_1), \otimes(t_2), \cdots, \otimes(t_n))$;区间灰数序列 $X(\otimes)$ 中所有灰元的信息域 d_k 所构成的序列称作 $X(\otimes)$ 的信息域序列,

记作 $X_d = (d_1, d_2, \cdots, d_n)$。

定义 6.3 设区间灰数 $\otimes(t_k) \in [a_k, b_k]$；在 $\otimes(t_k)$ 缺乏取值分布信息的情况下，称 $\tilde{\otimes}(t_k) = (a_k + b_k)/2$ 为区间灰数 $\otimes(t_k)$ 的核。

设 $X(\otimes) = (\otimes(t_1), \otimes(t_2), \cdots, \otimes(t_n))$ 为区间灰数序列，$X(\otimes)$ 的核序列为 $X(\tilde{\otimes}) = (\tilde{\otimes}(t_1), \tilde{\otimes}(t_2), \cdots, \tilde{\otimes}(t_n))$，根据 DGM(1,1) 模型的建模机理，可得：

$$\hat{\tilde{\otimes}}^{(1)}(t_{k+1}) = \beta_1^k \tilde{\otimes}(t_1) + \frac{1 - \beta_1^k}{1 - \beta_1}\beta_2 \tag{6-1}$$

其还原值为：

$$\hat{\tilde{\otimes}}(t_{k+1}) = \alpha^1 \hat{\tilde{\otimes}}^{(1)}(t_{k+1}) = \hat{\tilde{\otimes}}^{(1)}(t_{k+1}) - \hat{\tilde{\otimes}}^{(1)}(t_k) \tag{6-2}$$

因为：

$$\hat{\tilde{\otimes}}^{(1)}(t_{k+1}) = \beta_1^k \tilde{\otimes}(t_1) + \frac{1 - \beta_1^k}{1 - \beta_1}\beta_2 = \beta_1^k \tilde{\otimes}(t_1) + \frac{\beta_2}{1 - \beta_1} - \frac{\beta_2}{1 - \beta_1}\beta_1^k \rightarrow$$

$$\hat{\tilde{\otimes}}^{(1)}(t_{k+1}) = \left(\tilde{\otimes}(t_1) - \frac{\beta_2}{1 - \beta_1}\right)\beta_1^k + \frac{\beta_2}{1 - \beta_1} \tag{6-3}$$

同理：

$$\hat{\tilde{\otimes}}^{(1)}(t_k) = \left(\tilde{\otimes}(t_1) - \frac{\beta_2}{1 - \beta_1}\right)\beta_1^{k-1} + \frac{\beta_2}{1 - \beta_1} \tag{6-4}$$

将式(6-3)和(6-4)代入(6-2)，可得：

$$\hat{\tilde{\otimes}}(t_{k+1}) = \left[\left(\tilde{\otimes}(t_1) - \frac{\beta_2}{1-\beta_1}\right)\beta_1^k + \frac{\beta_2}{1-\beta_1}\right] - \left[\left(\tilde{\otimes}(t_1) - \frac{\beta_2}{1-\beta_1}\right)\beta_1^{k-1} + \frac{\beta_2}{1-\beta_1}\right] \rightarrow$$

$$\rightarrow \hat{\tilde{\otimes}}(t_{k+1}) = \left(\tilde{\otimes}(t_1) - \frac{\beta_2}{1-\beta_1}\right)\beta_1^{k-1} \cdot \beta_1 - \left(\tilde{\otimes}(t_1) - \frac{\beta_2}{1-\beta_1}\right)\beta_1^{k-1} \rightarrow$$

$$\rightarrow \hat{\tilde{\otimes}}(t_{k+1}) = (\beta_1 - 1)\left(\tilde{\otimes}(t_1) - \frac{\beta_2}{1-\beta_1}\right)\beta_1^{k-1} \rightarrow$$

$$\rightarrow \hat{\tilde{\otimes}}(t_{k+1}) = [\tilde{\otimes}(t_1)(\beta_1 - 1) + \beta_2]\beta_1^{k-1} \tag{6-5}$$

式(6-5)称为核序列的 DGM(1,1) 模型的最终还原式,由于 $\tilde{\otimes}(t_1)(\beta_1-1)+\beta_2$ 为一常数,设 $C_\otimes = \tilde{\otimes}(t_1)(\beta_1-1)+\beta_2$,则 6-5 式变形为:

$$\tilde{\hat{\otimes}}(t_{k+1}) = C_\otimes \beta_1^{k-1} \qquad (6-6)$$

根据式(6-6)可知,DGM(1,1) 模型的最终还原式与 GM(1,1) 模型一样,仍旧表现为齐次指数函数;并称式(6-6)为核序列的 DGM(1,1) 预测模型。

通常将区间灰数序列 $X(\otimes)$ 中信息域较大的区间灰数的信息域作为预测结果的信息域。

设 $X(\otimes) = (\otimes(t_1), \otimes(t_2), \cdots, \otimes(t_n))$,信息域序列 $X_d = (d_1, d_2, \cdots, d_n)$,则区间灰数 $\hat{\otimes}(t_{k+1})$ 预测值的信息域 $\hat{d}_{k+1}$ 为:

$$\hat{d}_{k+1} = d_1 \vee d_2 \vee \cdots \vee d_n \qquad (6-7)$$

设 $\hat{\otimes}(t_{k+1}) \in [\hat{a}_{k+1}, \hat{b}_{k+1}]$,根据定义(1)及公式 6-7,得:

$$\hat{b}_{k+1} - \hat{a}_{k+1} = \hat{d}_{k+1} \qquad (6-8)$$

又根据定义(6-3),得:

$$\tilde{\hat{\otimes}}(t_{k+1}) = \frac{(\hat{a}_{k+1} + \hat{b}_{k+1})}{2} \qquad (6-9)$$

联立式(6-6)、(6-8)和(6-9)组合方程组,得:

$$\begin{cases} \hat{b}_{k+1} - \hat{a}_{k+1} = \hat{d}_{k+1} \\ \tilde{\hat{\otimes}}(t_{k+1}) = \dfrac{(\hat{a}_{k+1} + \hat{b}_{k+1})}{2} \\ \tilde{\hat{\otimes}}(t_{k+1}) = C_\otimes \beta_1^{k-1} \end{cases} \Rightarrow \begin{cases} \hat{a}_{k+1} = C_\otimes \beta_1^{k-1} - \dfrac{\hat{d}_{k+1}}{2} \\ \hat{b}_{k+1} = C_\otimes \beta_1^{k-1} + \dfrac{\hat{d}_{k+1}}{2} \end{cases} \qquad (6-10)$$

式(6-10)称为基于"核-信息域"的区间灰数预测模型。

考虑到"十二五"期间,我国大部分民办高校的固定资产投资已收回,所以本研究在对"十三五"期间民办高校投资收益率进行预测时,是按照4.2.1中固定资产已收回的测度模型计算得到的。本部分将利用基于核和信息域的区间灰数预测模型对我国民办高校"十三五"期间投资收益率变动趋势进行预测。

以 2010—2015 年我国民办高校投资收益率构成的区间灰数序列为原始序列,利用基于核和信息域的区间灰数预测模型对我国民办的投资收益率变动趋势进行预测得到"十三五"期间的民办高校投资收益率如表 6.8 所示。

表 6.8　2016—2020 年我国民办高校投资收益率预测值

年　份	2016	2017	2018	2019	2020
符　号	$\otimes(t_1)$	$\otimes(t_2)$	$\otimes(t_3)$	$\otimes(t_4)$	$\otimes(t_5)$
投资收益率/%	(15.3,17.3)	(15.7,17.6)	(16.1,18.2)	(16.3,18.5)	(16.5,18.8)

从表 6.8 可以看出,"十三五"期间我国民办高校投资收益率将在 17% 左右波动,与"十二五"期间我国民办高校的投资平均收益率相比基本保持稳定,这表明我国民办高校的投资收益将保持稳定,民办高校的发展将由规模扩张转向稳定和内涵并重的发展阶段。

6.3　我国民办高等教育投资对策建议

提高我国民办高校投资效益,加强民办高校投资风险防控,不但是民办高校投资者关心的重要问题,也是促进我国民办高等教育可持续发展的首要任务。因此,应该客观分析把握民办高等教育投资面临的有利形势。同时要针对我国民办高等教育投资及风险管理中存在的问题,依据民办高等教育投资效益测算与投资效益评估分析结果,以及我国民办高等教育投资风险评估与预警分析结果,提出提高我国民办高校投资效益,加强民办高校投资风险防控的对策建议,为我国民办高等教育投资及风险管理提供有益参考。

6.3.1　健全民办高校投资制度,提升民办高校的营利能力

6.3.1.1　依照教育投资收益理论,健全民办高校投资制度

民办高等教育具有准公共产品属性,按照高等教育投资收益理论和公

共产品理论,民办高校作为办学投资主体和受益主体,按照"谁投资、谁受益"的原则,在"利益获得、能力支付"原则的基础上:一是应建立健全民办高等教育投资制度,各投资主体应按时、足额履行出资义务,确保办学资金的足额投入,最大限度地筹集民办高校办学所需资金,确保教学投入、管理运转和后勤保障工作的正常运行。同时,适度扩大民办高校的办学规模,提高办学质量和综合实力,不断增强民办高校的营利能力,以弥补民办高校资金投资缺口,提高民办高等教育资源的使用效率,促进民办高等教育自主发展、特色发展和持续发展。二是按照本研究探讨的民办高等教育投资效益动态测算模型确定的投资收益区间和收益率,民办高校可获得相应的投资回报和合理的成本补偿,提高投资者的积极性,为民办高校发展拓宽必要的空间。三是必须完善民办高等教育收费机制和助学贷款的优惠政策及措施,建全有效的民办高等教育助学贷款市场,构筑稳定的民办高等教育助学贷款担保体系,切实解决贫困家庭的孩子"上大学难"的问题,鼓励贫困学生运用助学贷款完成学业。

6.3.1.2 借鉴国外先进筹资经验,拓宽多元投资主体渠道

为进一步促进我国民办高等教育事业的发展,必须学习和借鉴国外先进的民办高校办学经验,全心全意依靠民办高等教育的各类利益相关者和社会各界力量,实现教育投资主体和资金来源的多元化。按照教育成本分担理论,首先,应建立以举办者、政府、家庭、金融机构等构成的多元化的投资主体,正确处理国家、举办者、出资人、学校和受教育者的经济利益关系,拓宽民办高校的多元投资渠道,放宽民办高校市场准入门槛,鼓励社会资本以多种方式进入教育事业领域,全方位、多途径筹集吸引社会力量和民间资本,构建多元共生、平等竞争的办学资金供给体制。其次,消除对民办高等教育的歧视性政策和行为。为适应民办高等教育生存、改革和发展的需要,国家应改革财政对民办高等教育的投资和分类资助方式,加大对民办高校财政拨款的比重,合理配置教育资源,增强民办高校自主办学实力,提高财政资金的使用效率,以推动民办高校健康发展。最后,健全民办教育管理与服务体系,积极拓宽社会捐赠渠道,努力提高服务地方经济发展能力,切实提升社会服务水平和盈利能力。

6.3.2 优化民办高校投资环境,提升民办高校的抗风险能力

通过对我国民办高校的投资现状及存在的问题分析可知,我国民办高校投资存在资金来源单一、银行贷款难、财政支持力度小、投资效益不高等问题,解决这些问题的有效方法是必须树立效益观念与效益意识,优化民办高校的投资环境,提升民办高校的抗风险能力。这可以从完善财政资助政

策、民办高校信贷政策和民办高校捐助的税收优惠政策等几个方面着手,优化民办高校的投资环境。

6.3.2.1　制定财政资助优惠政策,减轻民办高校资金压力

民办高校资金来源具有投资结构单一,财政投入少,学费比例大,投资收益低,学生及家庭负担重的特点,民办高校的发展可以有效地满足公众对高等教育的需求,并能产生巨大的社会效益,民办高校产生的社会效益不但被公众享用,还有一部分被政府享用。民办高校作为提供公共产品的部门之一,具有公益性属性。根据"成本分担理论"和教育准公共产品属性的论断,政府作为公共产品的供给者,应制定和完善民办高等教育公共财政资助政策,做到政策扶持,规范引导,为民办高校的发展提供相应的财政资助,分担一部分民办高校的办学成本,促进民办高等教育健康发展。目前,中国政府对民办高等教育的直接拨款投入很低,不利于民办高等教育的健康可持续发展,在中国财政性教育投入即将达到占国内生产总值4%的目标之际,政府应制定和完善对民办高校的财政资助政策,不仅有利于减轻民办高校的资金压力,提高人才培养质量,而且有利于增强民办高校的公共性,以政府财政资助为导向,引领社会力量加大对民办高校的资助力度,为民办高校的发展争取更多资金,以缓解民办高校资金压力,支持民办高校提升办学质量与办学水平,推动民办高校的可持续发展。政府在民办高校分类管理的基础上,制定对民办高校的财政分类资助政策,将资金支持、设备资助、教师待遇、土地优惠等方式相结合,建立一套完善的财政资助体系,增强政府财政资助的可操作性,对非营利民办高校按同类公办高校的财政政策的一定比例予以资助,享受公办高校后勤社会化改革、招生就业、教职工待遇、学生贷款贴息、风险补偿金等优惠政策,对营利民办高校可以采取政府购买服务的方式给予补助,并在实践中不断加以完善。同时,出台鼓励向民办高校等教育投资的相关配套法律法规和政策措施。

6.3.2.2　制定信贷担保相关政策,鼓励金融机构多方贷款

民办高校在建校初期和规模扩张过程中,往往需要通过向金融机构贷款获得所需的资金,金融机构贷款已成为民办高校发展过程中的主要融资方式之一。实践证明,金融机构贷款可为民办高校规模扩张和可持续发展提供有效的资金支持。但是,目前我国许多民办高校在发展过程中面临贷款难的窘境,主要是因为在现有的信贷担保制度和贷款环境中,金融机构不愿意向民办高校提供贷款。因而,政府应进一步完善信贷担保法规体系,创新投融资机制,完善和搭建民办高等教育投融资平台,提高民办高校的融资资质与融资水平,让具有独立法人资格的民办高校能够用公司的法人财产办理抵押贷款。同时,通过政府机构或中介机构对民办高校及其举办者和

其他投资者的经济往来、资金流向进行监管,鼓励中介机构为民办高校提供贷款担保,修订与完善担保法着力解决民办高校担保难问题。扩大民办高校可抵押资产范围,鼓励金融机构向民办高校提供多种方式的贷款。

6.3.2.3 制定和完善税收优惠政策,引导社会各界和个人积极捐赠

对民办高校提供税收优惠政策是由民办高校的公益属性决定的。完善、合理的税收优惠政策是民办高校发展的动力,也是引导社会力量进行民办高等教育投资的基础。通过制定完善合理的税收政策和优惠措施,能够鼓励、支持和引导社会各界和个人向民办高校捐资,可以缓解民办高校的资金压力,降低民办高校的办学成本,提高民办高校的投资收益率,进而提高投资者的积极性。对于捐资举办者和出资人不要求取得合理回报的非营利性民办高校,应享受公办高校同等的税收优惠,民办高校所办的营利性机构和实体产业,也应实行税收优惠政策,减免民办高校的捐赠税等。在国外,社会捐赠是私立高校资金来源的重要渠道,但我国民办高校的社会捐赠份额非常低。应积极宣传民办高校的公益性属性,制定相关政策鼓励和引导企事业单位和个人对民办高校进行捐赠,如对捐赠的企事业单位实行税收优惠政策,可以成立由政府、企业、个人捐赠的民办高等教育发展基金。同时,进一步完善捐赠制度,简化捐赠程序,以激励更多企业、组织和个人挖掘民间资金潜力,积极捐赠民办高等教育事业。为支持民办高校的发展,政府应完善财税调节、促进捐款的良性机制,采取倾斜政策,对民办高校的捐赠者,实行税前扣除的捐款办法,以引导社会各界和个人积极捐赠。

6.3.3 加强民办高校内涵建设,提高民办高校投资效益

6.3.3.1 加强民办高校内涵建设,实现特色发展重点转变

发达国家和地区民办高校不仅存在规模优势,更重要的是办学的质量占有相对优势。大部分发达国家的优质的高等教育资源主要集中于民办高校,这主要是因为国外民办高校十分重视内涵建设,为教师提供良好的科研平台,为学生发展创建良好的软硬件环境,通过内涵建设不断提高其核心竞争力和可持续发展能力,向社会输送高质量的毕业生和提供高水平的科研服务,并逐步确立其学术地位和社会声誉。通过对我国民办高校的投资发展历程与发展趋势分析可知,我国民办高等教育正在从"规模"发展向"内涵"提升转变。民办高校要实现由"规模"发展向"内涵"提升转变,必须加强内涵建设,实现发展重点的转变。加强内涵建设应着力提高民办高校的办学质量与办学效益,不断提高办学水平与办学层次,根据国民经济发展需求,在学科建设与专业建设方面坚持"有所为,有所不为"的原则,利用体制灵活的优势,打造有竞争力与独具特色的专业品牌,注重理论应用型人才和

技术应用型人才的培养,与公办高校错位发展,深化内涵建设,凸显办学特色,有效整合各类资源,增加总量、调整存量、提高质量,不断提升社会声誉。采取积极措施破解体制机制瓶颈,探索民办高等教育的发展思路,实现重点突破,推进民办高等教育事业又好又快发展。

6.3.3.2 降低民办高校的办学成本,提高民办高校的投资效益

民办高校的投资效益主要取决于民办高校收入和支出比,降低民办高校的办学成本,是提高民办高校投资效益的有效途径,可以通过以下途径达到降低民办高校办学成本、提高投资效益之目的。

(1)保持适度规模,提高教育质量。民办高校的办学规模直接影响其办学成本与办学效益,民办高校只有发展到一定的规模才能有效地降低办学成本。民办高校保持适度的办学规模,不但有利于办学经费的筹集,而且有利于办学成本的降低和办学条件的改善,达到提高教学质量、提升经济效益之目的。通过对我国民办高校的招生规模与在校生规模的预测可知,我国民办高等教育总体规模将继续扩大。因此,民办高校应根据其自身发展的实际情况,在保持适度的办学规模的基础上,调整专业结构,加快内涵建设,提升对外竞争力。

(2)调整生师比例,提高工作效率。民办高校支出成本中人员支出占事业支出的比例大致为29%,低于公办高校。即便如此,也可以提高生师比,降低人员经费支出。对部分专业,可以通过聘用兼职教师方式,减少专职教师的配备,同时提高服务管理部门的工作效率,减少管理人员数量,以减少人员经费支出。

(3)加强财务管理,提高资金使用效益。目前,民办高校的日常公用经费开支约占总经费的20%,只要采取科学合理的内部控制手段,仍可以降低公用经费的支出比重。比如,加强财务预决算是有效控制手段之一,完善审批制度、加强财务监管、建立财务审计体系,减少预算外项目的开支,能够有效地防止弄虚作假、铺张浪费现象的发生。

(4)有效整合资源,提高资源利用率。民办高校要在确保办学基本投入的同时,充分利用现有的社会资源和校舍场地、教学设备、图书资料等教育资源,实现人、财、物等各类资源的充分利用,提高资源利用效率,努力降低其办学成本,以提高投资效益。

(5)压缩招生广告宣传支出,提升学校对外影响力。民办高校的广告费用占民办高校的经费支出的比重较大。民办高校应把重点放在修炼内功树立形象上,努力改善办学条件,切实提高教师待遇,确保教学质量。采取有效措施提升学校的硬(软)实力、公信度和影响力,以良好信誉和过硬质量赢得社会和学生、家长的好评,以吸引更多的学子来校求学,无形中节约了招

生宣传费用,降低了办学成本。

6.3.3.3 完善内部治理结构,促进学校健康发展

(1)建立科学、规范的内部管理体制。进一步完善责权明晰、关系和谐的法人治理结构,建立健全董(监)事会制度。切实尊重高等教育办学规律和市场经济规律,积极推进政事分开、管办分离制度,健全教职员工代表大会制度和董(理)事会制度,进一步优化和改善民办高校办学经营环境。积极探索现代大学制度,提高民办高等教育国际化水平,开放民办高等教育投资、生产、供给领域,培育教育后勤产业,促进各类办学主体的多种形式办学,满足人民群众多层次、多样化的教育需求,促进公办高校、民办高校平等协调发展。

(2)正确认识民办高等教育的地位和作用。积极探索民办教育发展新思路,树立品牌意识、质量意识和发展意识,优化民办高等教育资源配置,合理确定特色定位,健全质量保障体系,确立质量第一、管理至上、育人为先、人才为本的理念,努力实现外延发展向内涵发展转变,实现规模、质量、结构和效益的协调统一,实现从人口大国向人力资源大国的转变。

(3)建立健全高校资产管理制度和投资收益回报制度。切实整合教育资源,合理计提固定资产折旧,提高固定资产的使用效益、教育质量和办学效益。科学测算教育投入需求与产出的比例,正确处理公益性与投资合理回报的关系,明确民办高校各类财产的归属、使用、收益和处分的程序、权利、义务和责任。

6.3.4 加强民办高校投资风险防控,降低民办高等教育投资风险

6.3.4.1 强化投资预算管理,提高资金使用效益

民办高校投资预算管理是指民办高校在投资管理活动中,对民办高校的投资额度、资金使用和归还计划的未来情况进行预期并控制的管理行为及其制度安排。民办高校投资预算过程,也是民办高校战略目标分解、实施、控制和实现的过程。加强民办高校投资预算,能够有效地提高民办高校的投资管理水平,有利于加强财务监控,提高资金的使用效益。

通过民办高校的投资预算管理,可以实现财务部门对整个高校的投资活动进行动态监控,可以加强财务部门与其他部门的联系,有助于财务部门与投资主体和资金使用部门的沟通。建立民办高校投资预算制度,可以明晰投资的重点,合理安排和使用投资资金,优化投资结构,提高投资资金的使用效率。可以结合民办高校的投资预算和成本预算,采用本研究提出的定量方法,确定民办高校的预期收益率与合理回报区间,根据预期收益与合理回报区间的变动情况,及时调整投资强度与投资结构,将投资风险有效地

控制在合理范围内。还可以通过投资预算制度的建立,提高民办高校的财务管理水平,完善内控制度,严格教育成本核算,分散财务管理风险,合理安排与使用投资资金,保证投资资金的合理使用,准确地反映高校的经济情况,实现风险控制与提高收益。

6.3.4.2　合理控制建设规模,科学调整投资结构

民办高校的建设需达到一定规模,才能产生规模效益,应鼓励民办高校自主投资。但是,民办高校若盲目扩张,尤其是大规模基础设施建设投入,势必增加民办高校的投资风险。因此,民办高校必须根据预期收益目标,国家招生规模和招生政策,初步拟定民办高校建设规模和项目投资额度。根据民办高校建设规模,采用投资收益分析法,估算民办高校建设所需的投资额度,依据民办高校的自有资金、负债情况、发展规模、预期收益等因素,估算民办高校可承受的负债额,估算其合理的建设投资规模,优化投资结构、合理调整布局、完善多元化投资体制,确定合理的多元投资比例,拓宽融资租赁、BOT融资等投融资渠道,努力实现市场投入多元化,科学调整民办高校的投资结构,切实加强负债和对外投资管理,避免盲目投资和投资不到位现象的发生,降低投融资风险,从根本上推动民办高校稳定和可持续发展。

6.3.4.3　构建投资风险评估体系,规避民办高校发展风险

民办高校投资存在较高的市场运行风险。因而,应建立风险投资准入和退出机制,健全民办高校风险应对机制。根据本研究构建的我国民办高校投资风险评估与预警体系,结合民办高校营利性和非营利性的特点以及民办高校发展的内外部环境的变动趋势,构建民办高校投资预警与投资风险防控体系。建立民办高校投资风险评估、投资风险识别、投资风险分析、投资风险控制的体系,在分析民办高校投资风险类型、风险等级、风险损失的基础上,搭建风险防控平台。可以利用本研究构建的我国民办高校投资风险预警系统,做好民办高校投资风险预警与风险防控系统的组织设计工作,构建民办高校投资风险评价、风险预测、警情分析与预警信号识别、警情诊断体系,优化预警业务流程。将民办高校投资风险控制在可知、可控和可防的范围内,尽可能地降低风险损失,有效地规避民办高校的投资风险。

小　结

本章从我国宏观经济发展水平、投资政策环境、民办高校生源情况、民办高等教育行业发展趋势、民办高校投资潜力方面对我国民办高校投资的内外部环境和投资收益的变动趋势进行了预测和分析。

（1）采用灰色GM(1,1)模型对我国宏观经济发展水平、生源、投资收益进行了预测分析,预测结果表明:"十三五"期间,我国经济将保持平稳的增

长趋势,居民消费能力和收入水平将有较大幅度的提高,为我国民办高等教育的持续、健康发展提供了良好的外部经济环境;尽管受到人口出生率下降因素的影响,但随着毛入学率的提高和招生规模的扩大,中国高等学校的生源总量与"十二五"相比稳中有升,我国民办高等教育的招生规模与在校生规模也将有适度的增大,而且民办高校的生源相对充足,不会成为制约民办高校发展的瓶颈。

(2)在分析《国家中长期教育改革与规划纲要》《民办教育促进法》等文件的基础上,对我国民办高等教育投资的政策环境和行业发展趋势进行了预测分析,预测结果表明:"十三五"期间,我国将重点推进民办高等教育的法人制度、办学自主权、税收优惠、公共资助、财务管理、师生权利保障等方面的政策和法规建设,将进一步完善民办高等教育的政策与法规体系;我国民办高等教育的办学规模将进一步扩大,民办高等教育发展多元化趋势将日趋明显,依法办学将成为民办高校发展的趋势。

(3)开创性构建了适用于区间数预测的基于核与信息域的区间灰数预测模型,并以本研究构建的民办高校投资收益测算模型计算出的"十二五"期间的投资收益区间序列为基础,对我国民办高校的投资收益区间进预测。预测结果表明:"十三五"期间,我国民办高校投资收益率与"十二五"期间相比将有所提高,提高幅度将在17%左右波动,这表明我国民办高校在未来一段时间内将具有稳定的投资收益,能够获得较高且稳定的投资回报,有利于民办高校办学质量与办学水平的提高。

(4)在分析我国民办高校投资环境预测的基础上,从提高投资效益和加强投资风险防控管理方面提出了有针对性的对策建议。

7 结论与展望

7.1 主要研究工作及结论

本研究综合运用教育经济学、投资学、风险管理学、现代管理科学中的理论与方法,对我国民办高校投资与风险管理进行了系统的研究,主要研究工作与结论如下。

(1) 系统地分析了我国民办高等教育发展与投资现状,进一步明确了我国民办高校投资属性。剖析了我国民办高等教育的发展历程,总结了我国民办高等教育发展的阶段性特征;根据相关的数据,回顾总结了我国民办高校的投资历程和主要投资模式,并分析了美国、英国私立高校的融资渠道,同时也从投资规模和投资结构两个方面,分析了我国民办高校的投资现状,找出了当前我国民办高校投资存在的主要问题。

(2) 建立了我国民办高等教育投资效益测度模型及投资效益评价体系,为民办高校投资收益测算与民办高校投资效益评价提供了有力的依据。在分析民办高等教育成本与收益构成的基础上,以教育内部收益率核算、项目投资收益率核算等理论为基础,基于投资者的视角,构建了我国民办高等教育投资效益测度模型,并在该模型的基础上,提出了民办高等教育投资收益区间的两阶段确定方法,弥补了传统的投资收益率计算存在的不足。利用该方法对近年来我国民办高等教育投资收益区间进行了测度,测度结果表明:2013—2015年,若在民办高校的固定资产回收期内,我国民办高校的投资收益区间为(7%,10%),若民办高校的固定资产投资已收回,则其投资收益区间为(14%,18%)。

测算结果能够比较客观地反映我国民办高校不同发展阶段投资收益率的动态变化情况,为民办高等教育投资提供了有益的参考。根据民办高等教育投资效益评估的内涵,构建了我国民办高等教育投资收益评估指标体系,利用 AHP 法确定了指标的权重,并在此基础上,建立了基于矩阵关联分析法的民办高校投资效益动态评估模型,并通过实证分析检验了模型的有效性,为民办高校投资效益动态评价提供了模型支撑。

(3) 梳理了我国民办高等教育投资风险的分类,分析了投资风险形成的内外动因,并建立了我国民办高等教育投资风险评估与预警体系,为民办高校投资风险的量化评估提供了技术支撑,并推动了民办高校投资风险预警研究的进展。从政策、市场、财务、教育质量、固定资产投资、教育经费投资等角度,对民办高等教育投资风险进行了分类;并对投资风险的成因进行了分析,明晰了民办高等教育投资风险形成的内外部动因。在投资风险成因分析的基础上,从民办高校财务风险、运营风险、发展风险三个维度构建了民办高校办学投资风险评价指标体系;利用灰色三角白化权评价思想构建出适合民办高校投资风险评价模型,并进行实证分析;设计出我国民办高等教育投资风险预警体系,主要包括警度测度模型的搭建、警度的设置、警情分析等,基于功效系数法,提出了民办高等教育投资风险预警的警度测度模型,并进行了实证分析。通过实证分析,验证了民办高校投资风险评价模型与民办高等教育投资风险预警模型的有效性。本研究所构建的基于灰色三角白化权的民办高校投资风险评估模型是进行民办高校投资风险评估的有效方法,可以实现对民办高校投资风险的全面评估,并可以对投资风险进行分类,而基于功效系数法的民办高校投资风险预警模型是民办高校投资风险预警的有效方法,可以实现对民办高校投资风险进行事前预警,为防范民办高校的投资风险提供参考,风险评估结果可以为预警提供参考,风险预警是风险评估的延伸,两者互为补充。本研究所构建的民办高校投资风险评估模型与民办高校投资风险预警模型为民办高校投资风险分析与风险预警提供了完整的方法体系,无论在理论上还是在实践上都具有可操作性,为民办高校投资收益测度、投资风险评价和投资风险度量提供技术支撑,对民办高等教育投资管理和投资风险预警研究提供了多样化的工具。

(4) 在对我国民办高等教育投资环境和投资收益的变化趋势进行预测的基础上,提出了民办高等教育投资对策,为我国民办高等教育投资及风险管理提供了分析依据,为相关部门决策提供了有益的参考。从我国宏观经济发展水平、投资政策环境、民办高校生源情况、民办高等教育行业发展趋势、民办高校投资潜力方面,对我国民办高校投资的内外部环境的变化趋势进行了预测分析。预测结果表明:"十三五"期间,从宏观经济环境看,我国宏观经济发展趋势将为民办高等教育的持续、健康发展提供良好的外部经济环境。从投资政策环境看,我国将重点推进民办高等教育的法人制度、办学自主权、税收优惠、公共资助、财务管理、师生权利保障等方面的政策和法规建设,将进一步完善民办高等教育的政策与法规体系。从民办高校生源情况看,虽然面临人口出生率下降因素的影响,但随着高中阶段教育的普及、高等学校毛入学率的逐步提高和招生计划的持续增加,以及国家招生政策对民办高校的倾斜,我国民办高等教育的招生规模与在校生规模都将有所增大,"十三五"期间民办高校的生源相对充足,仍有较大的发展空间,生源问题不会成为制约民办高校发展的瓶颈。从民办高等教育行业发展趋势看,我国民办高等教育的办学规模将稳步扩大,民办高等教育发展多元化趋势将日趋凸显,依法办学将成为民办高校发展的趋势。从民办高校投资潜力看,"十三五"期间我国民办高校投资收益率与"十二五"期间相比将有所提高,投资收益将在17%左右波动,这表明我国民办高校在未来一段时间内将具有稳定的投资收益,能够获得较稳定的投资回报,将有利于民办高校办学质量与办学水平的提高。在对我国民办高校投资环境预测分析的基础上,从提高民办高校投资效益与加强民办高校投资风险管理的角度,提出了我国民办高等教育投资的对策。

7.2 创新之处及存在的不足

7.2.1 主要创新点

7.2.1.1 建立了两阶段民办高等教育投资效益动态测算模型

该模型以教育内部收益率测算、项目投资收益率测算理论为基础,以民办高等教育成本、收益核算为依据,考虑了固定资产回收期对投资收益的影响,将投资收益率的计算公式分为两类。按投资回收期的不同发展阶段计算的民办高校的投资收益率更加符合实际情况,该模型克服了传统的收益率计算未能体现收益与成本的时间价值的弊端,使得对民办高校投资收益率测度结果更加科学合理。还提出了基于投资收益计算模型的投资回报区间的估算方法,并利用该方法估算出2013—2015年我国民办高校的投资收益区间,该模型的提出为估算我国民办高校投资回报率提供了方法支撑,也为制定民办高校投资的相关政策和民办高校投资决策提供了有益参考。

7.2.1.2 构建了民办高等教育投资效益动态评估模型

该模型基于理想矩阵法的基本思想,将向量赋范空间拓展到矩阵赋范空间,通过矩阵关联分析技术实现对民办高等教育投资效益动态评估,并通过对河南省三所民办高校投资效益的动态评估实例,检验了该方法的有效性。该模型的提出为研究基于面板数据的动态评价问题提供了新思路,为民办高等教育投资效益动态评估提供了新技术，也为民办高等教育的投资效益量化评估提供了方法保证。

7.2.1.3 构建了民办高等教育投资风险评估体系与风险预警体系

设计了民办高等教育投资风险评估与风险预警指标体系，给出了指标权重的确定方法，在评估指标构建的基础上，利用灰色三角白化权评价思想，构建了我国民办高校投资风险评价模型。该模型克服了传统的多指标评价方法无法对评估结果进行科学分类的弊端，可以实现对民办高校投资风险进行科学分类，为我国民办高等教育投资风险评估提供了新方法，为量化分析民办高校投资风险奠定了理论基础。开创性地设计出我国民办高校投资风险预警系统，包括预警指标体系的构建、警度测度模型的建立、警号识别系统的设计，并根据民办高校投资风险预警的内涵，将功效系数法引入到民办高校投资风险警度测度中，为民办高校投资风险警度度量提供技术支撑，对民办高等教育投资风险预警研究进行了有益的探索。

7.2.1.4 全面预测了"十三五"期间我国民办高等教育投资的内外部环境和投资收益的变动趋势

针对表征民办高等教育投资环境的主要时变参量具有"贫信息"的特征，利用灰色预测技术对能够表征民办高等教育环境变化的主要时变参量进行了量化预测，并运用拟合精度，检验了预测结果的有效性。另外，开创性地构建了基于核与信息域区间灰数预测模型，并利用该模型对我国民办高等教育的投资收益区间的变动趋势进行了预测，预测结果为民办高等教育投资决策提供了参考依据。

7.2.2 存在的不足

（1）民办高等教育在我国恢复举办时间不长，对其认识和定位尚在探索之中，尤其是立法和政策制定相对滞后，民办高等教育投资机制的建立受到影响。本研究重在从市场角度分析，而从法理角度对民办高等教育投资机制的研究较少。

（2）本研究侧重点在于投资收益评价和风险预警及防范，而与之相应的公开资料相对较少，因此本研究侧重理论分析和演绎，系统的实证分析相对薄弱。

以上问题有待进一步研究。

7.3 研究展望

本研究是以管理科学的方法理论、需求双方的相互作用理论及高等教育发展路径的相关理论为研究工具，以市场、投资风险作为分析视角，在吸收我国民办高等教育投资与管理相关理论的基础上，运用管理科学的新方法、新技术,结合相关的数据和材料,从理论和实证这两个角度,对我国民办高等教育投资评价与风险管理中关键因素进行了深入的研究,并取得了一系列有价值的研究成果与结论,为我国民办高等教育投资与风险管理提供有益的参考,丰富了民办高校投资风险评估与管理的理论方法体系。但是,由于研究的视角与研究资料的限制,本研究所呈现的仅仅是民办高等教育投资与风险管理的内容,只是我国民办高等教育发展图景的局部。民办高等教育投资与风险管理理论有待于进一步拓展与完善,为此在结束本研究之前,有必要对我们未来研究的方向和所面临的挑战予以展望。

7.3.1　加强民办高等教育投资与风险管理的国际比较研究

进一步加强民办高等教育投资与风险管理的国际比较研究,重点加强对国外发达国家与地区私立高等教育投资理论与实践的研究,不但可以为我国民办高等教育投资管理提供可借鉴的理论与经验,还可以通过比较分析,发现我国民办高等教育投资管理过程中与国外发达国家相比存在的共性与差异性问题,为深入分析我国民办高校投资管理的独特性,应建立适合中国国情的民办高等教育投资管理体系。在今后的研究中,要进一步加强对我国民办高等教育与国外私立高等教育投资主体、投资模式、投资收益、投资风险等方面的比较研究。

7.3.2　民办高等教育投资运行过程中的风险防控机制研究

现有的关于民办高等教育投资风险的研究,主要集中在风险成因分析与风险评价方面,这些研究为民办高校投资风险分析与防范提供参考依据。但是,建立民办高等教育投资运行过程中的风险防控机制显得尤为重要,它包括投资前的风险评估,投资后的风险监测和运行中的风险跟踪等,民办高校投资风险防控机制的构建是规避投资风险,保证投资者利益,促进民办高校健康可持续发展的保证,所以这一问题应该是民办高等教育投资办学进一步研究的方向之一。

7.3.3　民办高等教育投资办学的地域性差异研究

我国民办高等教育研究虽然在数量上呈现大幅增长态势,但就研究深度和系统性而言,还存在较大的探索空间。本研究中的相关结论,对于地域性差异的分析还没有涉及,在搜集调研各类相关数据资料时,考察的对象仅仅是河南地区部分民办高校,故本研究的相关结论具有一定的特殊性和局限性。今后需要进一步广泛地搜集样本资料,研究和考察不同地区民办高校的投资差异,以得出更为全面有效的结论。

附录 1

我国民办高等教育投资效益评估指标体系权重调查表

调查人单位：_____   日期：_____

尊敬的先生/女士：

感谢您在百忙之中填写调查表，此调查表用于本人学位论文的研究，对您的配合表示诚挚的谢意。

填表说明：

1. 请您根据您的知识和经验运用 1~9 标度法，在调查的两两判断矩阵中填上您认为合理的数值。

2. 1~9 标度法是指将要比较的两个因素的相对重要性用 1~9 这几个数值量化，具体的各标度的含义见表 1。

表 1 标度 1~9 的含义

序号	重要性等级	a_{ij} 赋值
1	i,j 两元素同等重要	1
2	i 元素比 j 元素稍重要	3
3	i 元素比 j 元素明显重要	5
4	i 元素比 j 元素强烈重要	7
5	i 元素比 j 元素极端重要	9

注：$a_{ij} = \{2,4,6,8\}$ 表示重要性等级介于 $a_{ij} = \{1,3,5,7,9\}$，且 $a_{ji} = \dfrac{1}{a_{ij}}$。

例如：

设目标层为：我国民办高等教育投资效益评估，记目标层为 A。

要素层为：经济效益、社会效益，分别记为 B_1，B_2。

在目标层 A 下，也就是针对我国民办高等教育投资效益评估而言，可以比较要素层中的两个因素 B_1，B_2 的重要性，从而建立两两比较的判断矩阵，比如您觉得对我国民办高等教育投资效益评估而言，B_2 比 B_1 明显重要，即

$a_{21} = 5$；B_3 比 B_1 强烈重要，即 $a_{31} = 7$；B_3 比 B_2 稍微重要，即 $a_{32} = 3$；再由 $a_{ij} = \dfrac{1}{a_{ji}}$，则可以构造 B_1，B_2，B_3 的两两判断矩阵，见表2。

表2　要素层相对于目标层的判断矩阵 A

A	B_1	B_2	B_3
B_1	1	1/5	1/7
B_2	5	1	1/3
B_3	7	3	1

我国民办高等教育投资效益评估指标体系中的两两判断矩阵调查表，可以构建我国民办高等教育投资效益评估指标体系的层次结构，见表3。

表3　我国民办高等教育投资效益评估指标体系

我国民办高等教育投资效益评估指标体系	一级指标	二级指标	三级指标	指标符号
	经济效益 B_1	财务运行 C_1	收入支出比 D_1	x_1
			投资回报率 D_2	x_2
			资产保值增值率 D_3	x_3
			净资产报酬率 D_4	x_4
			生均教育成本 D_5	x_5
		资源利用 C_2	生师比 D_6	x_6
			生均仪器设备值 D_7	x_7
			生均校园面积 D_8	x_8
			生均图书数量 D_9	x_9
		可持续发展 C_3	资产负债率 D_{10}	x_{10}
			事业发展基金增长率 D_{11}	x_{11}
			固定资产增长率 D_{12}	x_{12}
	社会效益 B_2	社会贡献 C_4	毕业生就业率 D_{13}	x_{13}
			优秀毕业生率 D_{14}	x_{14}
			论文发表数量 D_{15}	x_{15}
			科研项目完成率 D_{16}	x_{16}
			科研成果使用率 D_{17}	x_{17}
		社会评价 C_5	社会贡献率 D_{18}	x_{18}

根据上述的指标体系的层次结构和指标间的隶属关系可以构建 7 个两两判断矩阵分别如下：

(1) 目标层因素：我国民办高等教育投资效益评估 A；要素层因素：经济效益为 B_1，社会效益 B_2。对 A 而言，将指标 B_1，B_2 的相对重要性进行两两比较得判断矩阵 A 见表 4。

表 4　要素层相对于目标层的判断矩阵 A

A	B_1	B_2
B_1		
B_2		

(2) 经济效益 B_1 一级指标层的因素：财务运行为 C_1，资源利用 C_2，可持续发展为 C_3，则在要素层因素科技创新人才存量竞争力 B_1 下，对 C_1，C_2，C_3 相对重要性进行两两比较得判断矩阵 B_1 见表 5。

表 5　经济效益 B_1 的判断矩阵

B_1	C_1	C_2	C_3
C_1			
C_2			
C_3			

(3) 社会效益 B_2 要素层的因素：社会贡献 C_4，社会评价 C_5，则在要素层因素社会效益 B_2 下，对 C_4，C_5 相对重要性进行两两比较得判断矩阵 B_2 见表 6。

表 6　社会效益 B_2 的判断矩阵

B_2	C_4	C_5
C_4		
C_5		

(4) 财务运行 C_1 一级指标的因素：收入支出比 D_1，投资回报率 D_2，资产保值增值率 D_3，净资产报酬率 D_4，生均教育成本 D_5，则在一级指标科技创新

人才数量 C_1 下,对 D_1,D_2,D_3,D_4,D_5 相对重要性进行两两比较得判断矩阵 C_1 见表7。

表7　财务运行 C_1 的判断矩阵

C_1	D_1	D_2	D_3	D_4	D_5
D_1					
D_2					
D_3					
D_4					
D_5					

(5)资源利用 C_2 一级指标的因素:生师比 D_6,生均仪器设备值 D_7,生均校园面积 D_8,生均图书数量 D_9,则在一级指标科技创新人才结构 C_2 下,对 D_6,D_7,D_8,D_9 相对重要性进行两两比较得判断矩阵 C_2 见表8。

表8　资源利用 C_2 的判断矩阵

C_2	D_6	D_7	D_8	D_9
D_6				
D_7				
D_8				
D_9				

(6)可持续发展 C_3 一级指标的因素:资产负债率 D_{10},事业发展基金增长率 D_{11},固定资产增长率 D_{12},则在一级指标可持续发展 C_3 下,对 D_{10},D_{11},D_{12} 相对重要性进行两两比较得判断矩阵 C_3 见表9。

表9　可持续发展 C_3 的判断矩阵

C_3	D_{10}	D_{11}	D_{12}
D_{10}			
D_{11}			
D_{12}			

(7) 社会贡献 C_4 一级指标的因素：毕业生就业率 D_{13}，优秀毕业生率 D_{14}，论文发表数量 D_{15}，科研项目完成率 D_{16}，科研成果使用率 D_{17}，则在一级指标经济环境 C_4 下，对 D_{13}，D_{14}，D_{15}，D_{16}，D_{17} 相对重要性进行两两比较得判断矩阵 C_4 见表 10。

表 10 社会贡献 C_4 的判断矩阵

C_4	D_{13}	D_{14}	D_{15}	D_{16}	D_{17}
D_{13}					
D_{14}					
D_{15}					
D_{16}					
D_{17}					

附录2 三所民办高校投资风险指标调查值

指标类（一级指标）	指标代码	A民办高校	B民办高校	C民办高校
财务风险 FR	FR1	12	15	18
	FR2	6	8	10
	FR3	23	20	18
	FR4	85	83	89
	FR5	0.78	0.86	0.84
	FR6	920	1 000	800
	FR7	15	14	16
	FR8	26	23	25
	FR9	320	300	280
运营风险 OR	OR1	3.2	4	6
	OR2	82	90	92
	OR3	11 800	11 200	10 800
	OR4	4 020	4 300	4 500
	OR5	48 200	51 000	53 000
	OR6	28	27	25
发展风险 DR	DR1	23	26	29
	DR2	6	4	3
	DR3	2.3	3	4
	DR4	2.1	3	3

（民办高校风险投资评价指标体系）

参考文献

(一)中文参考文献

[1] 张剑波.民办高校可持续发展研究[M].长沙:国防科技大学出版社,2007.

[2] 马歇尔.经济学原理[M].朱志泰,译.北京:商务印书馆,1964.

[3] 德瑞克·伯克.大学何价:高等教育商业化[M].台北:天下远见出版股份有限公司.2004.

[4] 宁本涛.中国民办教育产权研究[M].济南:齐鲁书社,2003.

[5] 魏贻通.论划分公、私立高等教育的依据[J].辽宁高等教育研究,1994(6):36-40.

[6] 李钊.论民办高等教育公益性的实现[J].高等教育研究,2009,30(9):49-54.

[7] 郭庆然.完善我国高等教育成本分担体制的设想[J].价格理论与实践,2010(5):36-37.

[8] 张继华.高等教育成本需求预测与分担能力分析[J].统计与决策,2009(10):74-79.

[9] 张扬,应若平,李孟辉.中国高等教育成本分担问题及对策[J].湖南农业大学学报(社会科学版),2007,8(1):77-79.

[10] 夏志强.高等教育学费的形成机制[J].财经科学,2005(2):85-91.

[11] 刘兰平.中美民办高等教育成本分担主体分析[J].高等教育研究,2005,26(3):53-57.

[12] 王蕾.我国高等教育学费与居民家庭支付能力的现状分析[J].北京理工大学学报(社会科学版),2005,7(4):90-96.

[13] 乔锦忠,洪煜.我国高等教育扩展模式的实证研究[J].北京师范大学学报(社会科学版),2009(2):106-113.

[14] 杨青.高校网络教育的成本、市场均衡及质量:一个经济学的分析视角

[J].财经问题研究,2007(11):77-82.

[15] 程瑶,章冬斌.2020年前适龄人口变化与普通高等教育规模发展趋势分析[J].教育科学,2008(10):11-13.

[16] 赖德胜.教育、劳动力市场与收入分配[J].经济研究,1998(5):42-49.

[17] 侯喜,孙红梅,林春涛.国内外高校资金筹措的比较及启示[J].陕西科技大学学报,2006(4):135-139.

[18] 石才良,冯静.高等教育收益率:理论、证据与述评[J].江西财经大学学报,2006,24(2):112-116.

[19] 徐孝.改革高等教育投资体制的政策思考[J].中国高等教育,2006(23):23-24.

[20] 柯佑祥.中国高等教育投资的困境与出路[J].高等工程教育研究,2007(5):54-59.

[21] 蔡学辉.我国民办高校融资及相关问题探讨[J].广西财经学院学报,2014(4):108-111.

[22] 李文章.改革开放40周年我国民办高等教育的成就、经验展望[J].黑龙江高教研究,2018(10):42-47.

[23] 柳亮,胥青山.日本私立高校的发展特点及其对我国民办高等教育的启示[J].清华大学教育研究,2004,25(5):33-38.

[24] 李旭.美国私立高等教育中公平与效率制衡发展问题探析[J].外国教育研究,2010,37(7):48-53.

[25] 饶燕婷.20世纪70年代以来美国高等教育结构调整特点及启示[J].中国高教研究,2009(10):48-50.

[26] 王怡宁.国外私立高等教育与高等教育大众化[J].2010,26(3):151-153.

[27] 黄艳,王蕾.我国民办高等教育的现状分析[J].技术与创新管理,2008,29(6):633-635.

[28] 陈婕,高霞莉.我国民办高等教育发展的阶段划分及其特征[J].浙江树人大学学报,2008,8(4):12-15.

[29] 范跃进.潘懋元先生思考民办高等教育问题的八个基本逻辑.[J].山东高等教育,2015(4):75-88.

[30] 潘懋元,邬大光.世纪之交中国高等教育办学模式的变化与走向[J].教育研究,2001(3):3-7.

[31] 潘懋元,罗丹.多国高等教育大众化模式比较研究[J].高等教育研究,2007(3):1-8.

[32] 邬大光.论建立有中国特色的现代大学制度[J].中国高等教育,2006,

19(10):15-18.

[33] 胡大白.继续解放思想,促进民办高校科学发展[J].黄河科技大学学报,2009,11(6):1-4.

[34] 邬大光,王建华.对高等教育介入资本市场的反思:营利与非营利视角[J].教育发展研究,2005(8):54-56.

[35] 董圣足,王一涛.民办高等教育领域"公私伙伴关系"的构建[J].教育发展研究,2009(5):40-43.

[36] 石邦宏,王孙禺.民办高校营利性与非营利性制度思考[J].中国高教研究,2009(3):55-57.

[37] 赵彦志.高等教育投资的社会平均收益与民办高等教育合理回报[J].教育研究,2010(5):56-62

[38] 鞠光宇.营利性高等教育组织使命界定特点分析[J].中国高教研究,2009(8):35-38.

[39] 郑锋,王永哲.民办高校财产权纠纷失范现象研究[J].教育发展研究,2010,15(8):25-30.

[40] 许南.我国民办高校产权归属及投资回报文献综述[J].长沙大学学报,2009,23(11):24-25.

[41] 张宏博.民办高校产权调整的新制度经济学分析[J].教育发展研究,2010(3):42-45.

[42] 黄腾,秉守民办高等教育公益性的对策与实践[J].国家教育行政学院学报,2016(10):17-21.

[43] 潘懋元.关于民办教育立法的三个问题[J].浙江树人大学学报,2001(3):1-3.

[44] 胡建华.我国民办高等教育发展特殊性的若干分析[J].教育研究,2007,324(1):9-13.

[45] 董圣足.民办学校破产清算若干问题探析[J].复旦教育论坛,2008,6(3):57-60.

[46] 强连庆,袁济,蒲健媛.关于上海民办高等教育立法的建议[J].复旦教育论坛,2009,7(1):69-74,

[47] 李晓娟,蔡文伯.我国民办高等教育的政策分析[J].中国西部科技,2010(1):84-86.

[48] 王坤.我国独立学院发展的困境与制度设计[J].内蒙古大学学报(哲学社会科学版),2015(7):98-103.

[49] 阎凤桥.中国民办高校内部治理形式及国际比较[J].浙江树人大学学报,2007,7(5):1-7.

[50]刁玉华.民办高等学校管理问题探析[J].郑州大学学报(哲学社会科学版),2010,43(4):163-166.

[51]秦惠民等.我国民办高等教育投资政策的调试与嬗变[J].清华大学教育研究,2015(3):45-52.

[52]苗庆红.民办高校治理结构的演变研究[J].中国高教研究,2005(9):28-30.

[53]韩艳.民办高校董事会制度的运行与制衡机制构建[J].浙江树人大学学报,2006,6(3):18-21.

[54]汪明义.把握大学组织特征办好民办高等教育[J].中国高等教育,2010(4):23-24.

[55]刘峥,金庆会.民办高等教育组织扁平化与系部目标管理责任制[J].人类工效学,2010,16(3):223-224.

[56]郭建.民办高等教育地域性发展的多维性分析[J].高等教育研究,2004,25(6):44-52.

[57]鲍威.中国民办高等教育的生成机制和区域发展模式[J].北京大学教育评论,2006,4(4):149-159.

[58]余志祥.西部民办高等教育与区域经济发展关系研究[J].重庆科技学院学报(社会科学版),2006,3(3):72-76.

[59]阎凤桥.我国民办高等学校区域分布、时间变化及其影响因素[J].民办教育研究,2007,28(1):16-24.

[60]周国平,谢作栩.我国民办高校倒闭问题之思考[J].高等教育研究,2006,27(5):46-53.

[61]杨宏伟.民办学校的投资风险与防范[J].辽宁行政学院学报,2014(3):61-62.

[62]李钊.防范办学风险:政府和民办高校的责任[J].高等教育研究,2007,28(11):49-55.

[63]李钊.我国民办高等教育发展中的三大风险特征[J].当代教育论坛,2009(4):125-128.

[64]曾小军.民办高等教育资金困境与需求价格弹性分析[J].教育评论,2009(6):6-9.

[65]沈国琪.民办高等教育分类管理模式的新思考:基于公益指数视角的探讨[J].现代大学教育,2015(5):15-20.

[66]陈晓红.我国高校能否实行股份制改造[J].现代大学教育,2003(1):28-32.

[67]胡健.中国民办高校投资补偿、评价与监督价值构建[J].教育与职业,

2016,9(下):32-34.

[68] 冯军.民办高等教育发展动因探析[J].浙江科技学院学报,2003,15(2):128-132.

[69] 谭黎明.民办高校举办者投资权益保障的思考[J].吉首大学学报(社会科学),2014(6):27-29.

[70] 陈文联.举办者视阈下民办高校分类管理制度的调适与创新[J].中国高等教育研究,2018(5):88-91.

[71] 陈国维.民办高等教育投资风险的理性分析[J].教育与经济,2004(3):30-33.

[72] 杨亚军.高等教育投资合理化评判模型的构建[J].商业时代,2007(4):67-68.

[73] 张士军,于桂花.民办高校多元化筹资中的投资渠道研究[J].职业技术教育,2009(7):63-66.

[74] 钱吴永,党耀国,熊萍萍,等.基于灰色关联定权的加权TOPSIS法及其应用[J].系统工程,2009,29(8):124-126.

[75] 韩春蕾.江苏省高等教育个人投资收益率研究[D].南京:南京财经大学,2006.

[76] 徐双双.昆明市中等职业教育个人教育收益率的研究[D].昆明:云南大学,2011.

[77] 王翎.新中国高等教育投资制度变迁分析[D].长沙:湖南师范大学,2007.

[78] 罗晓华.高等教育财政投资政策研究[D].厦门:厦门大学,2007.

[79] 杨燕雄.广东省民办高职可持续发展的问题与对策研究[D].广州:广东技术师范学院,2016.

[80] 袁怡琴.现阶段中国民办高校的定位问题研究[D].上海:上海师范大学,2006.

[81] 邹海霞.民办高校定型发展研究[D].荆州:长江大学,2016.

[82] 唐斌.教育多元筹资问题研究:兼论第三部门在教育筹资中的作用[D].武汉:华中师范大学,2008.

[83] 蒋海云.中国高校融资渠道多元化问题考察[D].南京:南京理工大学,2005.

[84] 饶爱京.江西民办教育发展研究[D].厦门:厦门大学,2006.

[85] 袁利宁.民办高等院校生存危机因素分析及策略研究[D].南京:河海大学,2007.

[86] 任芳.我国民办高校融资问题研究[D].西安:西北大学,2007.

[87]张捷.发行高等教育事业发展公债正当其时[N].光明日报,2000-5-23.

(二)英文参考文献

[1] ODIN S K, MANICAS P T. Globalization and Higher Edueation[M]. Honolulu:University of Hawai Press,2004.

[2]SIMON H A. Administrative behavior:a study of decision-Making processes in administrative organization[M]. London:Macmillan Publishing Co. Inc.,2006.

[3] GEIGER R L. The dynamics of private higher education in the United States: mission, finance and public policy[J]. Higher education policy,1990,32(2):9-12.

[4]LAU L J, IAMISON D T, LIU S C, ea tl. Education and economic growth: some cross-sectional evidence from Brazil[M]. Journal of development economics,1993,41(1):45-70.

[5] SHEILA S, LARRY L L. Academic Capitalism:Politics, Policies, and the Entrepreneurial University[M]. Baltimor:The Johns Hpkins University Press, 1997.

[6] BRENEMAN D W. Higher education:on a collision course with new realities[M]. Washington D. C.:Association of Governing Boards of Universities and Colleges. 1993.

[7] RUCH R S. Highter Ed, Inc.:the rise of the for-profit university[M]. Baltimore:The John Hopkins University Press,2003.

[8] BERG G A. Lessons from the Edge[M]. New York:Praeger Publishers, Inc.,2005.

[9] SLAUGHTER S, RHOADES G. Academic capitalism and the new economy: markets, state, and higher education[M]. Baltimore:The Johns Hopkins University Press,2004.

[10]NEWMAN F, COUTRER L, SCURRY J. The future of higher education: rhetoric, reality, and the risks of the market[M]. San Francisco:Jossey-Bass,2004.

[11] CARDAND D, KRUEGER A. Does school quality matter? Returns to education and the characteristics of public schools in the United States[J]. Journal of political economy,1992,10(1):1-40.

[12] BUDRIA, SANTIAGO. Schooling and the distribution of wages in the European private and public sectors[J]. Applied economics,2010,42(6):

1045-1054.

[13] GILBERT L R, MENON K, SEHWARTZ K B. Predicting bankruptcy for firms infinancial distress[J]. Journal of business finance & accounting, 1990,17(1):161-171.

[14] MANKIW N G, ROMER D, WEIL D N. A contribution to the empirics of seconomic growth[J]. Quarterly journal of economics, 1992, 107(2): 407-437.

[15] DE GREGORIO J, LEE J. Education and income inequality: new evidence from cross count data[J]. Review of income and wealth, 2002, 48(3):395.

[16] ENKE S. More on the misuse of mathematics in economics: a rejoinder[J]. Review of economics and statistics, 1975, 37(1):131-133.

[17] DEMSETZ H. The private production of public goods[J]. Journal of law and economics, 2000, 13(2):293-306.

[18] Casey C, BARTCZAK N. Using operating cash flow data to predict financial distress: some extensions[J]. Journal of accounting research, 1985, 23(1): 384-401.

[19] ZILCHA E Z. The effects of compulsory schooling on growth, income distribution and welfare[J]. Journal of public economics, 1994, 54(1):339-359.

[20] LEIBOWITZ A. Home investments in children[J]. Journal of political economy, 2004, 82(2):111-131.

[21] LOEB S. Estimating the effects of school finance reform: a framework for a federalist system[J]. Journal of public economics, 2001, 80(2):225-247.

[22] LLOYD-ELLIS H. Public education, occupational choice, and the growth-inequality relationship[J]. International economic review, 2000, 41(1): 171-201.

[23] JHONSTONE D B. Sharing the costs of higher education: student financial assistance in the United Kingdom, the Federal Republic of Germany, France, Sweden, and the United States[J]. Omarav analy, 1986(100):202.

[24] FREEMAN R E, EVAN W M. Corporate governance: a stakeholder interpretation[J]. Journal of behavioral economies, 1990, 19(4):337-359.

[25] CHARITOUA A, CHRISTODOULOS L, VAFEASA N. Boards, ownership structure, and involuntary delisting from the New York Stock Exchange[J]. Journal of Accounting and Public Policy, 2007, 26(2):249-262.

[26] ZHANG J S, ZHAO Y H, PARKC A, et al. Economic returns to schooling in

Urban China,1988 to 2001 [J]. Journal of Comparative Economics,2005, 33(4):730-752.

[27] LOURY G C. Is Equal Opportunity Enough? [J]. The Ameriean economic review,1981,71(2):122-126.

[28] PEROTTI R. Political equilibrium, income distribution, and groth [J], Review of economic studies,2003,60(5):755-776.

[29] MANKIW N G, ROMER D, WEIL D. A contribution to the empirics of economic growth [J]. Quarterly journal of economics, 2002, 107 (2): 407-437.

[30] PERSSON T, TABELLINI G. Is inequality harmful for growth? [J]. American economic review,1994,84(3):600-621.

[31] POTERBA J M. Demographic structure and the political economy of public Education[J]. Journal of policy analysis and management,1997,16(1): 48-66.

[32] PSACHAROPOULOS G. Returns to education:a further international update and implications [J]. The journal of human resources, 1985, 20 (4): 583-604.

[33] TAMURA R. Income convergence in an endogenous growth model [J]. Journal of political economy,1991,99(3):522-540.

[34] HOWARDM B, JOHNSTON D. Stocks for all seasons, education services industry overview [R]. San Francisco:Banc of America Securities Equity Research Division,2003.

[35] RUTHERFORD, FRANKLIN G. Academics and economic: the Yin and Yang of for-profit higher education:a case study of Phoenix[D]. Austin:The University of Texas at Austin ,2002.

[36] Jeanne McClellan. Higher Education Leadship:Presidents and CEOs in For-Profit,Publicly Traded Colleges and Universities[D]. La Verne:University of La Verne,2005.

后 记

本书是在我的南京航空航天大学管理学博士学位论文《我国民办高等教育投资评价及风险管理研究》和河南省高等学校人文社会科学研究项目资助课题"河南省高等职业教育资源优化配置问题研究"的基础上编撰而成的。

南京航空航天大学是工信部直属的国家综合性重点大学，是国家"211工程""985工程优势学科创新平台"重点建设高校，是国家"双一流"建设高校。学校环境幽雅，学术氛围浓郁，师资力量雄厚，是理想的读书治学园地。难忘的求学时光，已成为我最大的资本。

我人生最大的收获是2007年师从陈万明教授攻读博士学位。在南航读博求学期间，我完成了学业、增长了阅历、丰富了知识、结识了朋友，这是我学术生涯的一个重要转折点，也是我最大的收获和慰藉，具有里程碑式的重要意义！我深知"滴水之恩，当涌泉相报"。首先要感谢我的恩师——博士生导师陈万明先生。无论在学术上，还是做人、做事上，陈万明先生堪称我的光辉榜样。在我攻读博士学位期间，在学位论文与学术研究上，先生都给予我悉心指导和热忱帮助，使我顺利完成博士研究生学业和论文答辩。

陈万明先生曾多次出国访问交流，并到英国Sussex大学做访问学者，知识渊博，尤其是在人力资源管理研究上有很高的声望。先生富有难能可贵的社会担当，强烈的社会责任，高度的事业心，对教育梦充满憧憬，对学校充满深情，对学生充满爱心，把职业当事业全身心投入，把职业当学问全身心研究。先生始终站在学科发展的最前沿，他严谨治学的科学态度、孜孜不倦的工作作风、平易近人的待人之道、虚怀若谷的人格魅力、谦和豁达的长者风范、温柔敦厚的处世之道，对我的人生影响很大，给我留下了深刻印象，让我永生难忘，铭记在心。先生宽而有制、严而不苛、学养渊深、富有魅力，温润如良玉，纯粹若清泉，令我敬仰，获益良深。先生为学、为教之严谨，为人之宽厚，值得有志于从学、从研的每一位年轻人学习。

这里我还要特别感谢南航经济与管理学院刘思峰教授，刘教授那种"水利万物而不争"的若水品质、"学高身正"的大家风范及对学术与事业不懈追

求的攀登精神,永远激励着我。同时,感谢南航经济与管理学院的党耀国教授、张卓教授、周德群教授、方志耕教授、朱建军教授、苗建军教授、菅利荣教授、李南教授、江可申教授、李帮义教授等,他们为我提供了良好的学术土壤并注入新颖的思维范式,开阔了我的视野,让我学到了很多知识;感谢南航经济与管理学院的所有领导与全体老师!是你们使我感受到南航经管人"求真务实,海纳百川,开拓创新,止于至善"的崇高精神。

感谢东南大学钱吴永博士,重庆工商管理大学曾波博士,许昌学院徐来群博士、张笑涛博士,也感谢课题组的全体成员,感谢所有为论著提供支持和帮助的人们!

这次编写此书,又参阅了国内外大量文献资料,其中许多真知灼见对我的研究帮助很大,学者们的辛苦工作是我汲取学术营养的肥沃土壤!

感谢郑州大学出版社的编辑、专家的不吝赐教,在此深表谢意!

本书在写作的过程中,力求实事求是,以基本调研数据为创作的出发点和依据,将理论和实践相结合,用理论指导实践。我殷切期望通过自己的研究,能够对解决民办高校教育投资相关问题提供依据,为我国建立长效机制提供参考。然而,由于本人研究水平、观察视野的限制,书中不妥之处在所难免,殷切期盼专家学者和读者批评指正。

杨德岭
2018 年 10 月 1 日